JN439412

나의 窓門

현대수필가100인선 · 39

나의 窓門

강석호 수필선

좋은수필사

■책머리에

수필은 누구나 부담 없이 읽고, 마음만 먹으면 직접 쓸 수도 있는 가장 친근한 문학이다. 다른 영역의 문학이 영상매체에 밀려 신음하고 있는 중에도 수필 인구만은 날로 증가하여 바야흐로 수필 전성시대를 구가하고 있는 이유도 거기에 있을 것이다.

시대적 추세에 힘입어 수많은 수필전문지, 수필동인지가 창간되고, 이에 비례하여 신진 수필가도 날로 늘어나다 보니 이제는 그 많은 작가, 그 많은 작품 중에서 문학성 높은 작품을 가려 읽는 일이 쉽지 않게 되었다. 이런 현상은 작가에게나 독자에게나 결코 바람직한 일이 아니다. 더 나아가서는 수필을 연구하는 후세들에게도 큰 부담이 될 것이다.

이런 문제를 해결하는 데는 출판인도 마땅히 한몫을 감당해야 한다는 평소의 소신에 따라, 본사가 기꺼이 그 역할을 맡기로 했다. 그 첫 번째 사업으로 시대를 대표할 만한 수필가 100인을 선정하고, 작가가 자선한 40편 내외의 작품을 수록한 문고본을 발간하여 이를 널리 보급함으로써 그 소임을 다하고자 한다.

본사는 사명감을 가지고 이 사업을 추진해 나가기로 했다. 작가 선정을 전담할 편집위원회를 구성하고 전권을 위임하여 일체의 사적인 정실이나 청탁을 배제함으로써 전문성과 공

정성을 확보해 나갈 것이다.

따라서 이 기획물 속에는 작가의 문학정신뿐만 아니라, 본사의 문학사적 기여 의지와 편집위원 제위의 수필문학에 대한 애정과 문인으로서의 양심이 함께 담겨 있음을 자부한다. 다만, 작가를 선정하는 기준에는 많은 견해의 차이가 있을 수 있고, 선정 과정에서도 미처 챙기지 못한 부분이 있을 것이라는 사실만은 인정하지 않을 수 없다. 이 점에 대해서는 관계자 여러분의 양해 있으시기 바란다.

이 시리즈의 발간 순서는 작가, 또는 본사의 사정에 의한 것일 뿐 그 밖의 어떤 기준도 적용하지 않았음을 밝힌다.

본 기획물이 시대를 초월한 많은 수필 애호가들의 관심과 애정 속에 우리나라 수필문학 발전에 한 이정표가 되기를 바랄 뿐이다.

2009년 9월

좋은수필 발행인 서 정 환

현대수필가 100인선 간행 편집위원 박 재 식 최 병 호

정 진 권 강 호 형

변 해 명

1_부

2_부

3_부

4_부

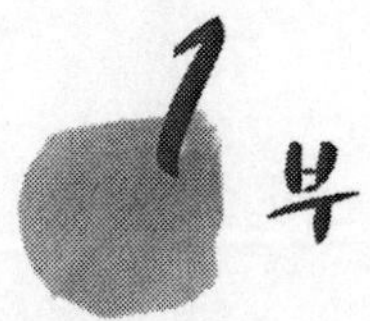

흔들리는 나뭇잎

거리의 대화

빵 굽는 노인

컵에 대한 명상

아호雅號 얻은 기쁨

내 문학의 고향

아름다운 화장실

흔들리는 나뭇잎

나뭇잎이 흔들린다. 흔들리는 것은 나뭇잎만이 아니다. 살아있는 것은 모두 흔들린다. 생명체만 흔들리는 것이 아니라. 세월도 흔들리고 마음도 흔들린다. 세상 모두가 흔들리고 나아가서는 우주공간이 흔들린다.

흔들리는 것과 움직이는 것은 동의어다. 다만 흔들리는 것은 타력에 의한 흔들림이요. 움직이는 것은 자력에 의한 몸짓이다. 움직임과 흔들림의 결과는 변화이며 변화의 힘은 위대하다.

인간과 동물이 걸어 다니지 않고 새들이 날아다니지 않고 물고기가 헤엄치지 않으면 그것은 죽음이다. 여린 새싹이 지각을 뚫고 올라오는 것이든, 구더기가 사체에 우글거리든, 지렁이가 땅속을 파고 꿈틀거리든, 바이러스가 시험관에서 꼬무

락거리는 것은 작고 가냘프며 징그럽지만 그것은 위대한 움직임이요 성장이며 정화작용이다.

우리는 한 번 먹은 마음을 절대 변치 말자고 초지일관을 원하지만 사람의 마음이 변하지 않는다면 그런 비극이 없을 것이다. 후회나 결심은 마음의 변화에서 오는 것, 더러는 자신에게 불리한 타인의 변심을 배신이라 욕하지만 그것은 용서와 재기의 전기이자 발전의 단초이기도 하다.

젊은날 나와 굳게 사랑을 맹세한 여인이 나의 친한 친구와 눈이 맞아 내 곁을 떠났을 때 나는 수없이 밀려오는 밤의 고뇌에 몸을 뒤척였다. 그렇게 쉬이 변할 수가 있을까. 하필이면 자주 함께 만나 신의와 우정을 쌓던 나의 친구와 눈을 맞추다니 그녀의 배신은 너무도 큰 상처요 충격이었다.

그러나 고뇌의 아픈 터널을 용케 빠져나와 마음의 자세를 다시 추슬렀을 때 찬란한 재생의 기쁨을 맛볼 수 있었다. 그것은 마치 폭풍과 천둥이 뒤얽힌 폭우가 지난 후 햇빛 찬란히 빛나는 밝고 맑은 하늘을 보는 기쁨을 얻는 크나큰 변심이었다. 그래서 여사의 변신은 무죄라 했던가.

사상적 변화는 정치 사회적으로 전쟁이나 혁명을 불러오고 세월의 변화는 역사의 물길을 바꾼다. 유사 이래 흑인 대통령의 이변을 일으킨 오바마 미대통령은 선거유세 연설 중 변화라는 말을 많이 써서 당선되었다. 변화는 신선한 발전의 동력이며 모두들 변화를 원한다. 발상의 전환을 기대한다.

나는 아침마다 출근길에서 흔들리는 나뭇잎의 여러 모습에 마음을 흠뻑 빼앗긴다.

아파트 샛길을 빠져나와 찻길 건널목에 다다르면 벚나무와 느티나무 그리고 버드나무가 듬성듬성 뒤섞여 긴 숲을 이룬 가로수 앞에 서게 된다. 햇볕을 가로막으며 잔잔히 나풀거리는 나뭇잎은 밤새 안녕을 묻는 반가운 인사의 몸짓이다. 후줄근히 비를 맞고 서 있는 나뭇잎은 자신에게 우산이라도 씌워주기를 바라는 구원의 몸짓이다. 바람에 가지가 찢어지도록 크게 흔들리는 몸짓은 위험을 경고하는 몸부림이다.

흔들리는 나뭇잎은 계절에 따라서도 그 모습과 정감이 다르다. 새봄을 맞아 작은 새싹의 봉우리들을 잔뜩 달고 흔들리는 나뭇가지는 소생의 꿈을 불러일으키고, 5월의 신록으로 곱게 치장한 나뭇가지는 보기만 해도 풋풋한 신록의 향기를 발산한다. 여름의 짙은 녹음은 왕성한 생의 의욕을 샘솟게 하며 곱게 물든 가을의 단풍잎은 결실과 완성의 미학이요, 겨울날 눈비를 맞고 서서 흔들리는 나목은 무소유와 인고와 시련의 사유를 되뇌게 한다.

나뭇잎이 흔들리는 것은 바람 때문이다. 바람에 나뭇잎이 흔들리면 뿌리가 흔들린다. 나무가 굳게 서는 것은 뿌리의 흔들림 때문이다. 굳게 선 나무는 비바람이 불어도 폭우가 쏟아져도 끄떡없이 성장한다.

사람의 마음을 흔드는 것은 고난과 역경이다. 가난과 질병과 실패와 좌절, 인간의 삶은 그것의 연속인지도 모른다. 실패와 좌절을 겪으면 겪을수록 인간의 의지는 강해지고 진실의 강은 맑아진다. 성경 '욥기'의 주인공 욥은 하나님이 주시는 시련을 달게 받으며 '모든 고통을 참고 이긴 후 정금같이 되리라' 고 노래했다.

나뭇잎이 흔들림으로 거목이 성장하듯 나의 작은 시련의 흔들림은 끝내 나를 깨달음의 거목으로 성장시킬 것이다. 나뭇잎과 바람은 상생의 숙명, 흔들리는 것은 삶의 원천이자 보람이다.

나는 큰 흔들림보다 작은 흔들림을 좋아한다. 가냘픈 잎새가 햇볕과 구름과 바람을 가르며 살랑살랑 흔들리는 모습을 아름답기 그지없다. 미스 김은 나와 같이 전철을 타고 가다 헤어질 때 창밖에서 나를 향해 손을 흔든다. 작은 손가락을 활짝 펴고 흔드는 모습이 나뭇잎이 흔들리는 것처럼 아름답다.

나의 언어도 작은 나뭇잎의 흔들림이고 싶다. 웅변이나 거대 담론이 아니고 난해한 긴장이나 함축도 아니고 그저 들릴락 말락 속삭이는 작은 언어이고 싶다.

고대광실 높은 집도 작은 열쇠 하나로 드나들고 큰 벽면도 창문 하나로 생명을 얻는다.

우리의 슬픔과 기쁨은 결코 큰 충격이나 경이에서 오는 것이 아니라 작은 마음의 불씨, 그것이 좌우한다. 우리 몸을 수술하는데도 큰 칼이 아니라 작은 메스이다. 사랑하는 연인이나 반가운 친구를 만나면 산해진미보다 우선 경치 좋고 운치 있는 찻집에서 커피 한 잔부터 마시는 것이 더 정겨울 것 같다.

거리의 대화

사당 전철역에서 수원 쪽 출구로 나오면 버스정류장 앞에 떡볶이장수와 뻥튀기장수 옆에, 연탄불 화덕에 고구마와 오징어, 가래떡을 구워 파는 아줌마가 있다.

60대로 보이는 그 아줌마는 겨울에는 화덕을 앞에 놓고 있으니 추위를 조금은 숨죽일 수 있지만 여름에는 화덕의 불기에 쏟아지는 땡볕을 받아 어려움이 말이 아니다.

그 흔한 파라솔이나 볕가리개도 없이 오직 옆사람 뻥튀기 장수의 리어카에 몸을 의지하고 장사를 하고 있는데 얼굴은 검붉은 구릿빛색이며 겨울이나 여름 할 것 없이 검댕이가 묻어 있고 옷은 검정 치마에 허름한 점퍼나 셔츠 같은 것을 아무렇게나 걸치고 있어 가난이 줄줄 흐르는 촌부의 모습이다.

그런데 이 아줌마는 손님이 없을 때는 책을 열심히 읽고 있다.

그가 읽는 책은 주로 성경책, 4X6배판의 한글성경을 열심히 읽고 어떤 때는 며칠 지난 신문이나 또는 오래된 소설책을 열심히 읽고 있다. 매일이다시피 그곳을 지나면서 그를 유심히 보면 한번도 글을 읽지 않을 때가 없다. 어쩌면 구이를 파는 게 목적이 아니라 글 읽는 것이 주업일 정도로 열심이다.

성경을 그렇게 매일같이 읽으니 아무리 무식한 촌부일지라도 그의 성경지식은 대단할 것 같고 재미를 위해 읽는 것이 아니라 자기 신심信心을 높이기 위한 노력이라 생각할 때 그 믿음은 대단한 것 같았다.

나는 그 아주머니의 글 읽는 모습이 너무 진지하고 위대해 보이는 동시에 신심이 부러워 어느 날 별 필요도 없는데 가래떡 한 개를 사면서 잠깐 대화를 나누었다.

그녀는 아주머니가 아니라 당년 70세의 노인이었고 성경은 1년에 한 번씩 완독하는데 그간 세번을 완독했다는 것이다.

그는 그곳에서 얼마 떨어지지 않은 산비탈 마을의 연립에 살면서 근처 교회를 다니고 있었다. 교회의 직분은 권사였다.

그곳에서 장사를 한 지 20년. 80년도에 사업도 잘하고 퍽 가정적이고 정답던 남편이 갑자기 병이 들어 셋방 하나와 3남 1녀를 자기에게 맡기고 세상을 떠났다. 그때부터 그는 4남매의 생계유지와 학업을 위하여 지금 그곳에 나와 비교적 밑천이 적게 드는 간식거리 장사를 하기 시작했다. 그리하여 그 장사로 4남매를 다 대학까지 시키고 막내아들 하나만 두고 모두

결혼도 시켰다.

전에는 장사가 잘되었다. 화덕을 2개나 놓고 밤, 옥수수, 떡가래 등을 구웠는데 잘되는 날은 하루에 밤을 2말이나 구워 팔기도 했다. 그러나 그곳에 전철이 생기고 또 IMF를 맞은 이후부터 차츰 장사가 잘 안 되어 지금은 별 재미가 없다는 것이다.

그 점포 자리는 구청에서 허가를 받은 것도 아니고 개인의 상권을 산 것도 아닌 무허가 노점인데, 20년 전부터 자리를 잡고 열심히 장사를 하다보니 구청에서도 그녀의 딱한 사정과 성실함을 알고 묵인해주어 지금은 그녀 자리로 굳어졌다. 구청 담당직원들은 단속이 있는 날이면 잠깐 피했다가 오라는 통보까지 해준다고 살짝 귀띔해 주었다.

몇 년 전부터 장사가 바쁘지도 않고 시간이 남아돌자 멍하니 앉아 있기도 무료하여 성경책을 보게 된 것이 요새는 잠깐만 틈이 나도 성경에서 눈을 뗄 수 없다고 했다. 성경을 읽고 얻은 심사는 감사感謝라고 했다. 한때는 고되고 어려운 생계와 자녀들 교육을 몽땅 짊어지고 난장에 나와 더위와 추위와 싸워가며 장사를 해야 하는 자신이 불쌍하고 짜증스럽기 한이 없었으나 성경을 읽고부터는 그런 자리를 주는 구청과 또 자기 물건을 사주는 사람들이 고맙기 그지없고 그 장사로 자녀들 먹이고 가르치고 결혼까지 시키게 되었으니 감사한 마음뿐이라는 것이다. 그것은 모두 하나님의 은혜라고 했다. 그래서 시간이 나면 성경을 열심히 읽고 교회에 나가 기도를 드린다고 했다.

성경 중 어떤 내용에서 감동을 크게 받았냐고 물으니 자신은 무식해서 내용도 구절도 꼭 짚어 말할 수 없으나 성경을 읽으면 무조건 마음이 편안해지고 힘이 생긴다고 했다.

지난 며칠은 보이지 않아 이유를 물었더니 교회에서 태풍 수해지구 봉사 활동을 나갔는데 거기에 함께 가서 3일간 봉사를 하고 왔다는 것이다. 자기도 어려운데 그것도 장사를 3일간이나 전폐하고 참여할 수 있다는 것은 예사로운 일이 아니었다.

또한 조심스레 묻는 나의 말에 자신의 살아온 과정과 집안 사정, 그리고 어려울 때마다 신앙으로 극복한 일들을 간결하게 말하는 그의 어투는 글을 많이 읽어서인지 마음이 평안하고 언어가 간결하면서 정답고 감동적이며 눈빛은 맑게 빛나고 있었다.

그는 그날도 두툼한 책을 읽고 있었다. 성경이 아닌 복음서였다. 책을 보여주어 보니 미국 캘리포니아 주에서 제일 큰 교회에서 목회하는 릭워렌 목사의 ≪목적이 이끄는 삶≫이었다. 그 책을 반쯤 읽었는데 내용이 너무 좋아서 다 읽고 내게 보여주고 싶다고 했다. 내용은 어려운 사람들을 위한 위로와 극복의 설교집이라고 했다.

나와 얘기를 하고 있는 동안 두 사람이 옥수수를 사갔을 뿐이기에 이렇게 장사가 안 되어 어떻게 하냐고 했더니 그간 자녀를 다 길렀으니 걱정이 없고 자기 먹고 사는 것은 그 정도 수지로도 크게 신경 쓸 일이 아니라고 했다.

모든 생사화복은 하나님께 맡기고 자기는 더울 때나 추울 때나 몸이 성한 한 최선을 다할 뿐이라고 했다.

길거리에서 일하며 독서하는 할머니, 비록 남루한 옷가지, 햇볕에 탄 구릿빛 얼굴엔 그을림과 땀이 흐르고 있었지만 그는 진정 천사처럼 선하고 아름다웠다.

의정 단상이나 강단에서 거창하게 외치며 실행이 없는 사람들보다 진정한 삶의 실천자요, 시련과 역경의 극복의 실증을 보여주는 구도자였다.

잠깐이나마 그의 시간을 빼앗은 나는 그냥 헤어질 수 없어 별로 좋아하지도 않는 떡가래를 몇 개 더 사고 자주 만나자는 말을 남기고 그 자리를 물러나왔다. 정답고 진정한 친구를 얻은 기분이었다.

인간의 삶은 고난의 극복이다. 끊임없이 밀려오는 비극과 불행을 어떻게 극복하느냐에 따라 그 삶의 진가는 결정된다고 하겠다.

(2006. 8)

빵 굽는 노인

안국역에서 허리우드극장으로 가는 오른쪽 도로변은 노인들의 거리이다. 아침 8시부터 서울시내 곳곳에서 집을 나온 많은 노인들이 붐빈다. 늦게 나온 노인들은 행여 시간에 늦을세라 종종걸음을 친다.

이곳에는 과거 정부 통계청으로 쓰던 건물을 DJ 시절 정부기구 축소 방침에 따라 통계청을 폐하고 서울시에서 그 건물을 개조하여 쓰는 노인복지센터가 있다. 거기서 노인들에게 매일 점심을 무료로 제공하고 또 이발과 목욕시설, 컴퓨터시설을 비롯, 각종 오락시설을 염가로 제공하고 있어 노인들이 물결을 이룬다.

점심 식권을 8시부터 배부하는데 이 식권을 타기 위하여 줄서기가 바쁘고, 그 줄은 겹겹으로 수십 미터에 이르는데 식권은 하루에 2000매로 한정하고 있어 늦게 온 분들은 허탕을 칠 수밖에 없다.

아침 일찍 와서 식권을 받은 노인들은 점심시간까지는 자유시간을 가진다. 더러는 컴퓨터를 하고 바둑도 두고 하지만, 재능이나 취미가 없는 노인들은 길거리에 나와 끼리끼리 모여 앉거나 서서 환담을 하고 있으니 이 거리는 지나가기가 여간 불편하다.

노인들뿐 아니라 여러 사람이 모이는 곳에는 상권이 이루어지는 법. 노인들을 상대로 싸구려 옷을 파는 사람, 신발을 파는 사람, 시계와 장신구를 파는 사람, 또는 노인들의 정력을 노리는 각종 한약제나 양약을 파는 사람들이 저마다 요소요소에 좌판을 벌이거나 이동 차량을 대놓고 호객을 하고 있어 더욱 복잡하다.

그런데 그 중에 나의 시선을 끄는 것은 호떡을 구워 파는 한 노인이다. 그도 나이를 봐서는 이곳에 몰려온 노인들과 다름이 없지만 작은 리어카에다 빵틀을 얹어 놓고 빵을 구워 팔고 있는 것이다.

허름한 조끼에 운동모를 쓰고 열심히 철판에 기름칠을 하고 밀반죽을 둥글게 비벼 놓고 적당히 누르고 뒤집고 하여 빵을 굽는 모습이 날렵하지는 않지만 그런대로 숙달되어 보인다. 특별히 위생을 생각하여서인지 손에는 얇은 비닐장갑을 끼고 불판 주변도 깨끗이 청소하여 정갈함에 신경을 쓴다.

노인들이 많이 사먹지는 않지만 멀리에서 나오면서 아침식사를 못한 노인이나, 아니면 그 구수한 맛에 끌린 노인들이 심심찮게 사먹고 있다.

거기 모인 많은 노인들이 아끼는 용돈을 풀어 기호품을 사는 등 돈을 쓰고 있는 데 반하여 그 노인은 적지만 자력으로 생산적인 일을 하고 있다는 것을 생각할 때, 나는 그 노인의 모습이 아름답게만 보인다.

사람은 일손을 놓고 놀다 보면 한이 없고, 편안이 오히려 무료와 불편을 부르기 쉽다. 더욱이 어느 정도 노력할 수 있는 건강이 있는 사람이라면 적당히 일을 한다는 것은 즐거운 일이다. 인생의 남은 마지막 여력을 최후까지 다하여 생산에 투입한다는 것은 노년의 보람이자 아름다움이다.

그 노인도 다른 사람들과 같이 마음 맞는 사람끼리 모여 환담도 하고 게임도 하고 싶고 신체상 불편한 곳도 있을 것이고 어려운 가정형편도 있을 것이다.

그러나 자신의 안일한 욕구를 자제하고 불편함을 참고 견디며 같은 노인의 행렬 속에서 일을 한다는 것은 군계일학으로만 보인다.

이곳에 나오는 노인들의 모습을 보면 진정 가난과 불운에 찌든 분들도 있고 걸음걸이가 불편한 장애자도 있는가 하면, 부티나는 인물에 의복도 잘 입고 의젓한 분들도 많다.

어느 날 출근길에 한 남자노인이 안국 전철역에서 노인센터를 가려면 어디로 가느냐고 묻기에 나도 그곳을 지나가는데 같이 가자고 하여(나의 사무실이 그 근처에 있음.) 동행을 했다.

같이 걸으며 왜 이곳에 나오느냐고 물었더니 아들과 며느리가 다 직장에 나가는데 아침은 며느리가 챙겨주고 가지만 점심은 자기가 챙겨 먹어야 하니 귀찮고 또 집에만 들어앉아 있으려니 심심하고 갑갑하여 이곳 노인센터가 재미있다기에 구로동에서 찾아왔다는 것이었다.

어느 날 또 그 노인과 똑같이 전철에서 그곳을 묻는 노인을 만났는데 그 노인은 아들은 직장에 나가고 며느리와 둘이 집안에 있다보니 서로 보기 딱하고 며느리가 아침밥은 챙겨주지만 점심은 챙겨 줄 생각을 않고 있어, 독촉하기 미안하고 자기가 챙겨먹기도 그렇고 하여 일찍 동네 노인정이나 이웃 노인센터로 나가버리는데 계속 나가다 보니 싫증이 나 이제 이곳으로 다녀 볼까 하고 왔다는 것이다.

그런데 그들 노인들의 형편을 들어보면 돈이 없는 것만은 아니었다. 상당한 직장과 직위에서 퇴직하여 노후 준비도 되어있고 연금도 타고 있지만 대부분이 짝이 없어 고독하고 며느리 보기가 어려워 노인센터를 찾는다는 것이다.

또 건강 상태를 보면 아직 수족의 놀림이 왕성하고 얼굴에 건강미가 감도는 초로도 많아 무료 급식이나 얻어먹고 시간을 허송하기엔 아까운 사람도 많은 것이다.

그런 기력이 왕성한 노인들 중에는 짝을 찾아 나오는 분도 있다고 한다. 뒤늦게 상처를 하거나 이별을 하고 마지막 남은 정열이 아깝고 젊은 시절 못다한 사랑을 위해 행여 마음 맞는 짝이 없을까, 이곳저곳으로 다니며 눈을 돌려보는 모양이다.

그래서인지 여자노인들에게는 많은 남자노인들이 따라 다닌다. 애인은 아니라도 여성과 대화라도 한번 하고 싶은 모양이다.

남녀 노인들이 모여 서로 대화를 하거나 단둘이 만나 다정하게 이야기를 나누고 있는 모습을 보면 천진스럽기도 하고 행복해 보인다.

그런데 괜찮은 여성노인을 사귀려면 적어도 한 달에 기백만 원의 데이트 자금을 쓸 수 있는 재력이 있어야 한다니 야릇한 세정에 가슴이 미어지기도 한다.

노인들의 힘과 재능의 낭비는 개인적으론 인간의 낭비인 동시에 국가적으로는 국력의 낭비로 국가에서 그들에게 일하는 즐거움과 보람을 느낄 수 있는 일거리를 마련해 주고 그 힘이 국력으로 집결될 수 있는 방안을 강구해야겠다는 생각이 간절해진다. 그곳 복지센터에서도 노인 취업 코스가 있기는 한데 별 성과는 없는 것 같다.

나는 매일 출근길에 그곳 노인의 거리를 지나면서 손수 빵을 구워 팔고 있는 그 노인을 눈여겨본다. 매일 봐도 그 모습, 그 손놀림이 아름답기 그지없다.

어쩌다 보이지 않으면 그 신변에 좋지 않은 일이라도 생겼나 걱정이 된다.

컵에 대한 명상

나는 컵을 사랑한다. 우리 인간은 컵과 더불어 산다 해도 과언이 아니다. 하루에도 수없이 컵과 입을 맞추면서도 컵이 너무 흔하여 컵의 귀중함을 모른다.

컵은 우리말의 잔盞 또는 배杯의 외래어다. 같은 뜻이지만 잔은 주로 술잔을 의미하고 컵은 물 같은 액체를 담는 작은 그릇의 총칭으로 그 의미가 약간 다르다. 그리고 배杯는 월드컵 같은 경기의 우승자에게 주어지는 상賞의 형상으로 쓰여지고 있다.

요즘 세계인의 기량과 이목을 집중시키고 있는 월드컵은 단순한 축구경기의 의미를 초월하여 국력의 상징이 되고 있다.

같은 경기의 상이라도 '대통령배'라든가 '회장배'같이 직함이 붙은 상은 배杯라 하고 특정 직함이 안 붙은 상은 컵이라고 하는 것 같다.

월드컵은 우승은 고사하고 16강에만 들어도 국가적인 큰 영광으로 알고 그를 쟁취하기 위해 각 나라마다 온갖 노력을 경주하고 있다. 지난 2002년 월드컵 경기가 서울에서 열렸을 때 우리 팀은 포르투갈을 꺾고 16강에 진출하였다. 그리고 이탈리아를 꺾고 8강에 진출하였으며, 스페인을 꺾고 4강에 진출, 독일과 터키와 겨뤄 패함으로써 4강에 머물렀다. 처음엔 16강에 들기만을 소원했는데 4강에 들고보니 우리 스스로는 물론 세계를 놀라게 했고 그 이후로 축구강국으로 이름을 떨치고 있다.

이번 2006년에 개최되는 독일 경기에서는 16강 진출을 실패했다. 토고와의 경기에서는 2대 1로 이겼고 스위스와 두 번째 경기에서는 1대 1로 비겼다. 그리고 프랑스와 세 번째 경기에서 2 대 1로 패함으로써 애석한 눈물을 흘리며 16강의 꿈을 접어야 했다.

우리의 월드컵 경기는 경기 자체에 대한 관심도 대단하지만 그와 관련된 응원전, 이른바 '붉은 악마'의 열기는 세계적 명물로 등장했다. 온 국민이 붉은 셔츠를 입고 우리 고유의 악기 북과 장구, 꽹과리를 두들기며 '대한민국'을 외치는 모습은 장관이며 그 함성은 세계를 뒤흔든다. 응원전에도 등수를 매긴다면 단연 우승컵은 우리의 것이 되고도 남는다.

컵 하나에 쏠리는 세계인의 관심과 열기가 이렇게 대단할 줄은 미처 몰랐다. 그 컵은 비록 3.5킬로그램의 순금 주물에 지나지 않지만 그의 상징적 위력과 가치는 가히 신의 존재라 해도 과언이 아니다.

올림픽이나 세계적 큰 경기에서의 우승자들은 감격한 나머지 시상식에서 컵을 받고 입을 맞추며 눈물을 흘린다. 우리의 선남선녀들의 그런 모습은 아름답고 자랑스럽기 그지없다. 나는 그런 많은 선수들 중에도 골퍼 박세리의 입맞춤 세레모니에 매력을 느낀다. 피나는 노력을 경주하고 넓은 그린 필드 위에 백구를 날린 후 만인의 시선이 집중된 가운데 우승컵을 들고 열정적인 키스를 하는 건장한 처녀의 모습은 진지하고 환상적이다.

컵은 결코 큰 그릇이 아니다. 작은 그릇이지만 크고 작은 회식이나 친구끼리 또는 연인끼리 단둘이 만난 자리에서도 거기에 술이나 차를 따르고 높이 들어 덕담을 하고 건배를 먼저 하는 것을 보면 그만큼 잔이 주는 의미가 크다. 반가움과 정다움, 존경과 희망이 모두 그 속에 담겨 있음을 말하는 것이다.

어느 코미디언은 “인천 앞바다가 사이다라도 컵 없이는 못 마신다.”라는 조크를 했듯이 컵의 쓰임새는 대단하다. 아무리 귀하고 많은 차나 술을 나누는 데는 잔 없이는 안된다.

벼슬길에 올라 임지를 향하던 임제林悌는 황진이 무덤 근처를 지나다 그냥 지나칠 수 없어 무덤에 술 한 잔 따라 놓고 “잔을 잡고 권할 사람 없으니 그를 서러워하노라.”는 시조 한

수를 남기고 벼슬을 접었다. 술잔은 단순히 액체를 담는 그릇이 아니라 선비의 정과 멋과 낭만을 담는 매체라는 것을 잘 말해주고 있다.

예수는 십자가에 못 박히기 전날 밤, 제자들을 모아놓고 최후의 만찬을 가졌다. 그 자리에서 떡을 떼고 포도주를 컵에 따라 마시며 떡은 나의 살이요 포도주는 나의 피라고 선언했다.

그뿐만 아니라 십자가를 지고 그 고통이 너무 심한 나머지 하나님께 "아버지여 아버지여 이것이 주님의 뜻이 아니라면 이 잔을 내게서 피하게 하옵소서."라고 인간적인 연민을 되뇌었다.

수년 전에 상영된 영화 〈銀杯〉는 예수님이 마신 그 최후의 포도주잔을 서로 먼저 찾아 가지기 위하여 사막을 헤매며 사투를 벌이는 내용이었는데 그 잔을 지금 어디에 누가 가지고 있는지 궁금하기 그지없다. 2, 3년 전부터 서점가를 강타한 ≪다빈치코드≫에서도 그 성배聖杯의 향배를 다루고 있다.

요즘은 보기 좋고 귀한 잔들이 많다. 투명한 유리잔으로부터 백토나 진흙으로 빚은 몸체에 금이나 은의 무늬 또는 아름다운 채색을 한 잔, 날렵하고 허리 잘록한 잔이 있는가 하면, 투박하고 질량감을 자랑하는 토기잔도 있다.

옛날 우리 조상들은 투박한 막사발이나 대접, 바가지로 컵을 대신했고 오히려 현대의 날렵한 고급 컵보다 그런 것들이 더 질박하고 정답게 향수를 불러일으키고 있다.

나는 손님이 오거나 책을 보고 글을 쓰다 입이 마르거나 머리가 멍해지면 곧장 차를 마신다. 은은한 차 맛을 음미하며 찻잔을 두 손으로 움켜쥐고 있으면 그 따뜻한 체온이 나의 체온과 동화되어 안온한 화기를 발산한다.

찻잔은 사무실에서 가까운 인사동 거리에서 파는 것들을 사다 쓴다. 인사동 찻집에서는 많은 컵들을 점두에 즐비하게 늘어놓고 싸게 팔고 있다. 그것이 싸다고 하여 결코 질이 낮은 것은 아니다. 질도 좋고 무늬와 모양이 아름답고 다양한 것이 많다. 그러나 값이 싸다보니 귀히 여겨지지 않는 감이 없지 않다.

꼭 고집을 하는 것은 아니지만 내가 마시는 찻잔은 정해져 있다. 커피잔은 미색 바탕에 초롱꽃 무늬가 있고 녹차잔은 바탕에 검은 나뭇잎 무늬가 있는 청자 잔이다. 그 잔은 하루에도 몇 번씩 나와 입을 맞추고 체온을 나눈다. 애인이나 다름이 없다.

오늘도 나는 혼자 잔을 잡고 차맛을 음미하고 있는데 옆 사무실 TV에서 나오는 축구경기의 응원 소리가 귓전을 울린다.

작은 찻잔으로부터 위력과 권위가 대단한 월드컵을 생각해 본다.

(2006)

아호雅號를 얻은 기쁨

지난해 나의 신변에 일어난 일 중에 가장 기억하고 싶고 보람스런 일은 나의 필명(아호)을 선정하고 사용한 일이다.

지금까지 문단 경력 30년이 넘는 동안 필명이나 아호를 거부하고 1人 1名주의를 고집해 왔었는데 작년 1월 문인협회 임원선거에 관한 사건 기사를 쓰면서 본명을 쓰는 것보다 필명으로 쓰는 것이 좋을 것 같아 평소 거론되던 몇 가지 후보명 중에서 하나를 선정했다.

그동안 내게 아호를 지어준 사람은 더러 있다. 작고하신 片雲 趙柄華 선생께서는 나를 특별히 사랑하시고 자진하여 아호를 지어 주셨는데 나의 고향이 하동河東이므로 첫자 하河와 자신의 호 끝자 운雲을 합하여 하운河雲이라 했다.

그런데 생각해보니 하河도 물이요, 운雲도 물의 변형이라 모두가 물이면 주변에 홍수가 날 것이고 눈물도 많을 것이 아닌가 하는 생각과 또 우리 문학사상 유명한 나병환자 한하운韓何雲 시인과도 비슷하여 편운片雲선생의 뜻은 고맙기 그지없지만 사용하지 않았다.

그리고 광주光州에 있는 장종일 수필가와 마이산에서 문인들의 아호에 대해 얘기를 나누던 중 나는 호나 필명을 갖지 않았다고 했더니 며칠 후 호를 지어 보내왔다. 그것은 송하松河였다.

고향이 하동이면 지리산의 정기를 받았고 지리산 하면 소나무를 생각하지 않을 수 없으니 그 소나무 송松자에다 하동의 하자河字를 붙였다는 것이다. 그 뜻이 그럴듯했고 글자 획수나 꼴도 수수하여 좋은 것 같았다. 우리 문단에서 성명철학으로 유명한 송명호 선생께 어떠냐고 물었더니 글 획수로 봐서 별 막힌 데나 억지스런 데가 없어 무난하다고 했다.

그래서 이제 그것을 필명과 아호를 겸하여 쓰리라 마음먹고 있었는데 별로 쓸 일이 없어 그냥 지내고 있었다.

그러다가 앞에서 말한 어떤 사건기사에 이니셜을 달아야겠는데 영문자로 달기는 그렇고 해서 생각하던 나머지 '갈석'이라고 붙였다. 그 뜻은 나는 기독교 교인으로서 예수님과 그 제자들의 선교 역사 중심지인 갈릴리 호수를 좋아하는데 그 호수의 맑은 돌이란 뜻을 생각했고 하나는 그 기사가 불의 부정에 대한 경고와 비평이니 꾸짖는다든가 소리친다는 뜻의 갈자喝字가 마음에 들어 그렇게 붙였다.

그런 후 많은 문우들이 그 필명에 대하여 평을 해주었는데 나의 성격이나 하는 일에 잘 맞는다는 평이 많았다. 그래서 이제는 더 좋은 것이 있더라도 안 쓰기로 하고 그것으로 생각을 굳혔다.

그런데 우연한 기회에 중국의 문학사를 읽던 중 〈賈島와 '기이한 인연 - 새로운 기교의 추구〉란 글에서 시인 賈島의 호가 碣石山人이란 것을 알게 되었다.

가도는 中唐 시대의 시를 어렵게 고심하여 쓴다는 苦吟派 시인으로 孟郊와 함께 쌍벽을 이루었는데 대종대력 12년(777) 范陽郡(지금의 大興縣)에서 태어나 무종회창 원년(841)에 졸했다.

어느 날 그는 李餘라는 친구를 찾아가던 중 시구가 떠올랐다. "새는 연못가에 잠들어 있고 스님은 달빛 아래 문을 밀치네(鳥宿池邊樹, 僧推月下門)." 입 속으로 중얼거리던 그는 '밀친다'는 뜻의 퇴推자가 마음에 들지 않아 '두드린다'는 뜻의 고敲자로 고치려 했다. 우물쭈물하며 결정을 내리지 못하고 나귀를 탄 채 두 손으로 두드리는 형용과 밀치는 형용을 하며 가다가 그만 당시 고관인 경조원(지금의 서울시장)의 수레와 마주쳐 수행원들에게 잡혔는데 경조원은 당대 고문의 거장인 한유였다. 한유가 가도의 무례한 행동의 연유를 듣자 더 이상 탓하지 않고 '敲'자로 쓰는 것이 낫겠다고 의견을 제시한 데서 '퇴고'라는 말이 나온 것은 다 알고 있는 사실이지 않은가.

이렇게 유명한 시인의 호와 나의 호가 우연히 맞아떨어졌으니 나는 마치 賈島가 된 것처럼 기뻐 한동안 정신을 차리지 못했다.

그래서 그의 碣(비석)을 喝(소리치다, 깨우치다, 갈파하다)로 바꾸어 자랑스럽게 쓰고 그렇게 불러주기를 바라고 있는데 또 하나의 겹친 경사가 나타났다. 하루는 평론가 張伯逸 선생과 서예가 田奉勳 선생이 사무실에 들렀다가 아호雅號 결정 얘기를 듣고 좋다고 동의를 표해주고 갔다. 며칠 후 田 선생님이 '喝石齋'라 붓으로 쓰고 張 선생님이 잘 아는 전서가에게 맡겨 그것을 전각해 가지고 들르셨다. 喝石에다 목요일마다 수필가들이 사무실에 모여 공부하는 곳이라고 齋를 붙여 당호堂號를 지어 주었다. 가로 100센티, 세로 40센티 상당히 큰 현판이었다. 편집실과 사장실 사이에 있는 출입문 위에다 걸라고 장소까지 지적해 주었다. 田 선생님은 그 글씨 외에 사무실에 6쪽의 屈原의 〈漁夫辭〉 병풍과 집에는 8쪽의 陶淵明 〈歸去來辭〉를 써주신 분이기도 하다. 평생 잊지 못할 일로 나의 기억에 항상 간직하고 있는데 이번에 겹쳐 경사를 주었다.

2004년 한 해를 보내면서 생각하니 지난해에 내게 있어 가장 보람있던 일은 이것이 아닌가 싶다.

그런데 다시 생각해보니 아무래도 喝자가 마음에 걸린다. '소리치다' '꾸짖다'가 너무 강한 것 같다. 喝石은 그대로 쓰되 다시 좋은 아호가 있으면 택하고 싶다. 아호는 많아도 된다고 한다. 秋史의 호가 108개나 된다니 말이다.

≪문학예술≫, 2005. 1

내 문학의 고향

나의 고향은 경남 하동, 지리산의 장엄한 기상이 줄기차게 뻗어 내리고 섬진강 맑은 물이 8백 리 굽이돌아 남해로 접어들며 푸른 파도가 수없이 밀려왔다 밀려가는 한려수도의 수평선이 끝없이 펼쳐지는 바닷가의 작은 농어촌이다.

나는 그곳에서 태어나 초등학교를 마치고 30리 떨어진 당시는 군내 유일의 공립인 진교중학을 다니며 소년기의 꿈을 키웠고 청년기는 서부 경남의 중심도시 진주에서 사범학교를 거쳐 직장을 다니며 인생의 푸른 꿈을 꽃피웠다.

그래서 문학의 고향 하면 청춘의 푸른 꿈을 키운 고교시절과 사회의 첫발을 디딘 진주를 잊을 수가 없다.

당시 진주는 아름다운 전원 도시였다. 도심을 남북으로 가로 지르는 유서깊은 남강이 유유히 흘러가고 강 따라 펼쳐지는 강변의 백사장은 낭만의 필드였으며 질펀한 들판에서 자라나는 싱그러운 무, 배추는 풍요의 상징 그것이었다.

게다가 촉석루를 비롯, 서장대와 북장대, 논개의 충절이 넘치는 의암을 비롯 피어린 임진 항전의 유적지가 그때의 그 기상을 말해주듯 든든히 버티고 있고 국내 예술제의 효시인 개천예술제가 해마다 흥겹게 열리고 있어 청춘의 꿈과 낭만을 펼치기에는 더없이 좋은 예향이었다.

나는 그곳에서 학교공부보다 시골 고향 갯구석에서는 볼 수 없었던 새로운 문물에 눈이 휘둥그레져 방과 후면 도심과 근교를 마구 쏘다니며 사춘기를 갓 지낸 청춘의 낭만을 즐기기에 여념이 없었다.

여러 가지 견문과 체험 중에도 유달리 문학에 관심을 갖고 명작을 읽으며 시낭송이나 문학의 밤 또는 출판기념회에는 빠지지 않고 구경 다니기에 열을 올렸다.

회원도 아니고 순서에도 명단에도 없고 더욱이 초청장 같은 것은 그림의 떡이었다. 이름없는 관객의 신분으로 그저 잉어가 뛰니 망둥이도 따라 뛰는 격으로 동분서주 가슴을 태우고 땀을 흘려댔다.

그러다가 학교를 졸업하고 진주시와 인접한 군내의 시골학교 교사로 발령을 받았고 하숙처가 없어 학교 숙직실에서 홀로 기거하다 보니 외롭고 적적하여 그것에서 벗어나기 위해 본격적으로 문학서적을 탐독하며 틈틈이 습작에도 열정도 쏟았다.

그때는 소설과 수필을 썼다.

그러면서 마음 맞는 문학 지망생끼리 문학 동인회를 구성했다. 동인회 명칭은 '접동문학동인회'(접동은 귀촉도, 소쩍새), 멤버는 소설에 나와 김수정, 시에 김덕기, 조만옥 등 4명이었다. 우리는 토요일마다 시내 다방에서 만나 문학 애기를 하고 작품평도 하며 활발히 움직였다.

당시 진주에는 우리 동인회 외에 시가족동인(조인영, 이덕, 김경자, 이월수, 박용수, 문의식)이 이름을 날렸는데 우리도 그에 못지않게 열을 올렸다.

그리하여 처음으로 동인회지를 내었는데 회지 표제는 「子午時」이었다. 당시 우리의 지도교수 역할을 한 이경순시인이 명명해 주었다. 앞의 시가족동인의 동인지 명은 ≪零度線≫으로 지리적 출발점인데 비해 우리는 시간적 출발점으로 문학 진주의 근간이 되라는 뜻에서 그렇게 지어주신 모양이었다.

당시 진주에는 지방 소도시로서는 유일하게 동아일보 창간자인 장지연 선생이 창간한 〈경남일보〉라는 일간지가 발간되고 있었다(군사 정권시 잠깐 중단되었다가 지금 계속 발간되고 있음).

그 신문은 지방의 뉴스나 여론의 대변에 큰 몫을 하였을 뿐 아니라 그 지역 문인들에겐 발표지면이자 시민들의 문학 정서의 샘 역할을 했다. 그래서 진주의 문학열은 대단했다. 설창수, 이경순 두 원로를 중심하여 위의 두 동인회원 외에 이형기,

이명길, 김수성, 전기수, 한동렬, 김석규, 최용호 등이 그에 많은 시와 수필을 발표하고 있었다.

그런 가운데 내게 행운의 기회가 왔다. 4 · 19 이듬해 어느 가을날 ≪경남일보≫ 편집국장인 김수성 시인이 나를 만나자고 하여 약속한 다방에서 만났더니 당시 연재하고 있는 소설의 작가가 사정이 있어 중단 하게 되었는데 그 뒤를 바로 이어 나를 연재소설을 써보라는 것이었다.

나는 어안이벙벙하였다. 등단도 안한 무명의 문학지망생에 지나지 않고 한번도 신문연재를 써본 적이 없는 내가 그것을 감당하기는 턱도 없는 일이었다. 그래도 김 국장은 신문사 입장도 있고 또 내겐 절호의 좋은 기회이니 용기를 내어 시키는 대로 하라고 반명령 반사정조로 나왔다. 나는 생각할 여유를 달라고 했다. 그래도 김 국장은 그럴 시간이 없고 연재중인 소설 원고가 3회분 남았는데 그간에 필자 교체의 사고社告를 내고 1주일 후부터 작품이 나가도록 하라 하고 미리 자리를 떠버렸다.

나는 그것이 비록 땜방 출연이지만 두려움 반, 욕심 반을 안고 그날부터 무엇을 어떻게 쓸 것인가 고심하다 마침 쓰다가 둔 습작품이 있어 그것을 다시 손질하고 연재에 맞게 매수를 맞추어 내면서 뒤를 이어 쓰기로 작정하였다.

소설이 나간 날부터 매일 저녁 다방에 나가 독자들의 반응을 엿듣는 것이 일과 중 하나였고 밤이 늦도록 책상 앞에 앉아 끙끙대는데 그 고통은 이루 말할 수 없었다.

소설의 제목은 〈나발이〉. 천방지축으로 세상사를 요리하며 떠들어 대는 한 독설가를 통해 당시 혼란된 사회상을 고발하는 주제였다. 앞의 연재소설이 낡고 진부한 데 비해 나의 소설은 문장의 패기와 정의감이 넘친다는 평을 들었는데 나를 필자로 선정한 김수성 편집국장도 만족해했고 많은 동료 문인들, 그리고 시민 독자들이 좋은 평을 해주었다.

나는 그런 인기에 붕 떠서 꽤 거만한 자세로 다방에 나타나 차를 마시며 문인대가인 양 폼을 잡기도 했다. 지금 생각하면 부끄럽고 유치하기 그지없지만 그것을 기회로 나의 문학적 인식과 위치 구축은 곤고하게 되었음을 부인할 수 없다.

그런 나의 문학의 출발지인 진주는 생각만 해도 그리움과 추억과 낭만으로 나의 가슴을 적신다.

지금은 넓은 들판이 주택지가 되고 남강의 수량과 백사장도 줄어들고 도심의 많은 지형이 바뀌었을 뿐 아니라 당시 함께 활동을 하던 문인들도 상당수 면모를 찾을 수 없는데 신인들이 내서 출현하여 그 판도가 달라졌지만 그때 그 시절이 그립기만 하다.

진주의 봄은 남강변에 나와 빨래하는 여인들로부터 온다. 날이 풀려 남강의 얼음이 녹으면 겨우내 모아두었던 빨랫거리를 이고 나와 강변 바위에 즐비하게 앉아 빨래를 하는 여인들의 모습은 한폭의 아름다운 풍경화였다.

거의가 검정 치마나 몸뻬에 흰 저고리를 입고 머리엔 수건을 두르고 빨래를 하다 더우면 소매와 정강이를 걷어붙여 하얀 살결을 내놓고 힘껏 방망이질을 하며 옆사람과 얘기꽃을 피우는 모습은 생동감이 넘쳤고 게다가 홍조를 띤 얼굴은 모두가 미인이요, 아름다운 봄의 정령이었다.

그때 우리 학생들은 몇몇씩 무리를 지어 강으로 나가 빨래하는 여인들 앞에서 물장구를 치며 짓궂은 장난을 쳤고 성인이 되어서는 체면상 함부로 굴 수가 없어 팔짱을 끼고 숨어서 그 모습을 훔쳐보던 일은 수치스러움만은 아닌 것 같다.

진주는 그런 봄뿐만 아니라 사계四季가 아름다운 봄이었다. 들판에는 한겨울에도 무, 배추, 파, 시금치, 우엉이 풍성했고 각종 농장과 온실에는 아름다운 꽃과 청과가 그치지 않았으며 기후도 지리적으로 잔인하게 춥거나 덥지 않아 일년 내내 봄날이었다.

그런 생동하고 수려한 고장에서 젊은 시절 문학의 꿈을 익혔기에 비록 어설프나마 오늘날 나의 문학의 명맥은 이어지고 있는 것 같다. 또한 나의 문학의 길에 동행하며 함께 뛰고 달려준 소녀도 있었으니 그 이상 좋은 추억과 사랑이 어디 있겠는가.

눈부터 웃던 그 소녀도 지금은 할머니가 되어 손주들의 재롱을 즐기며 그날을 회상하고 있을 것이다. 그 시절의 봄이 그립기만 하다.

아름다운 화장실

우리 시야에 수없이 다가오는 간판이나 광고문안 또는 공공사상의 고취를 위한 표어를 보면 먼저 맞춤법이나 띄어쓰기부터 따지는 것은 나와 같이 글쓰기나 편집업무에 종사하는 사람에겐 지울 수 없는 생리요 고질병이다.

공용화장실에 가면 으레껏 붙어있는 표어가 있다. '아름다운 사람은 머문 자리도 아름답다.'가 그것이다. 화장실을 깨끗이 사용하자는 뜻의 미학적 표현인데 나의 경우 그 뜻과 아름답다는 말이 어울리지 않아 역감정을 느끼게 된다.

언제 어디서나 언어생활은 정확해야 하지만 특히 공중의 마음을 움직이기 위한 권유나 경구의 어법은 정확해야 한다. 화장실은 더럽고 더러워지기 쉬운 곳이다. 그리고 더러움을 해소하는 것은 '아름다움'보다 '깨끗함'이 절실하다. 화장실을 깨끗이 쓰자고 강조하려면 '깨끗한 사람은 머문 자리도 깨끗하다.' 고 해야 그 표현이 정확할 것 같다. '깨끗이'란 말은 오물이나 흠이 없는 위생적 개념이고 '아름답다'는 '예쁘고 곱다, 즉 사물의 됨됨이가 기쁨과 만족을 줄 만하다.'는 뜻의 미학적 개념이다. 한자의 경우를 봐도 '깨끗이'는 淸이고 '아름다움'은 美이다.

우리는 아름다운 것을 좋아한다. 아름다운 꽃, 아름다운 여인, 아름다운 일 등 '아름답다'는 접두사가 붙으면 우선 기분이 좋다. 그래서 화장실에도 깨끗함 대신에 아름다움을 강조했는지 모른다.

그렇다고 그것을 아무데나 붙여선 안 된다. 용어가 잘못 쓰였을 때는 기분이 좋지 않다. 남의 옷을 빌려 입은 것 같고 개 발에 달걀이며 갓 쓰고 자전거 타는 기분이다. 심지어는 불한당에게 순결한 애인을 빼앗기는 기분이다.

'아름답다'는 말은 포괄적이다. 깨끗하고 곱고 예쁘고 멋있고 신선한 것의 총칭이기도 하다. 그 속성은 첫째, 연약하고 여성적이며 자유로운 것이다.

둘째, 외면적인 것보다 내면적인 것이며 친절하고 다정한 것이다. 가식과 교만은 금물이다.

셋째, 일상적인 것보다 순간적인 것이다. 오래도록 보면 싫증이 나고 슬쩍 스치듯 보는 데서 매력을 더한다.

요즘 '아름다움'은 많은 사람의 마음을 끌다보니 위대한 권력이 되었다. 아름다운 여성은 자동차를 타고 가다 사고를 내어도 관대함을 받고 아름다운 종업원은 팁을 많이 받는다. 안내와 서비스, 세일즈 그리고 결혼에도 아름다움은 능력과 권력을 발휘한다.

입사시험에서 면접이 큰 비중을 차지한다. 날씬한 몸매에 매력적인 눈매와 고운 살결, 멋있는 헤어스타일, 그리고 호소력 있는 음성과 몸짓의 매력을 중시한다. 키 작은 여성, 얼굴 못난 여성들은 학력에서 고득점을 얻고도 면접에서 낙방한다. 그래서 성형외과를 찾아 코와 눈과 얼굴 윤곽을 뜯어고치는가 하면 심지어는 못생김을 비관하고 부모를 원망하며 목숨을 끊는 경우도 있다. 남자들도 좀더 여성적인 신체적 매력을 갖기 위해 미장원과 성형외과를 찾고 있다. 건강하고 실력 있으면서도 외모 때문에 고민하고 슬퍼하는 우리의 사랑스런 젊은이들을 보면 가슴이 아프다.

이렇게 아름다움이 외적으로만 중시되고 권력화 되는 사회는 바람직하지 못하다. 내면보다 외모만을 중시하는 것은 비극의 씨앗이다.

아름다움은 내외적 모두가 조화를 이루어야 하지만 외적인 것보다는 내적인 아름다움에 더 치중되어야 한다. ≪아름다움의 과학≫의 저자 울리히 렌츠는 왜 아름다움은 우리 사회에서 이토록 중요하게 여겨질까. 아름다움을 학문적으로 과학적으로 연구할 수 없을까를 고민했다.

그는 아름다움이란 보는 사람의 눈에 따라 다른 상대적 개념이 아니라 객관적 개념이기 때문에 학문적, 과학적 접근이 가능하다고 했다. 그리고 우리가 아름다움을 사랑하는 것은 그것이 언젠가 사라지고 말 것이란 사실 때문이라고 했다. 모든 쾌락이 영원하다면 쾌락이 없는 것과 마찬가지로 아름다움이 영원하다면 이 세상에 아름다움이 존재하지 않는 것과 마찬가지라고 했다.

더 아름다워지고 날씬해지고 젊어지려는 욕망은 끝이 없다. 그러나 아름다움도 사랑도 청춘도 젊음도 언젠가는 끝난다.

아름다움은 나 자신이 있는 그대로 인정하는 것, 아름다움 그 자체를 알고 느끼고 즐기는 것이다. 이것은 칸트가 말한 '지식의 아름다움', 즉 내적 아름다움이기도 하다.

그래서 어떤 때는 화장한 여인의 얼굴보다 맨 얼굴이 더 아름다울 때가 있다. 그것은 그 내면을 볼 수 있기 때문이다.

인간이 불행한 건 자신의 아름다움을 인식하지 못하고 남과 비교하기 때문이다. 보다 진실되고 겸손하며 낮아지기를 원하는 사람이 아름답다.

화장실에다 언제나 시들지 않는 조화 한 송이, 페인트 그림 몇 점을 해를 묵히며 붙여놓고 아름답기를 원한다는 것은 어불성설이다. 노골적이며 리얼한 춘화나 해괴한 낙서, 간 · 신장 매매 연락처 전화번호를 보면 저질스러움이 절절 터진다.

화장실은 급할 때 찾게 되고 그곳에 들어앉아 있는 한은 아무도 침범 못하는 나만의 비밀스런 고마운 공간이다. 대신 용무가 끝나면 바쁘게 침뱉고 돌아서는 배척의 공간이기도 하다. 배은망덕자가 되지 않기 위해서는 함부로 침을 뱉거나 휴지나 담배꽁초를 아무데나 버리지 않으며 정조준하여 용변을 보고, 조심스럽게 물을 내려, 뒤에 쓰는 사람이 기분 나쁘지 않게 깨끗이 해야 한다. 그리고 사용자가 많을 땐 줄을 서고 조심껏 노크를 하며 급한 사람에게는 양보하는 미덕이 있어야 한다.

이런 것은 남들이 보는 데서 이루어지는 것이 아니다. 남몰래 안으로 행해지는 것이다. 아름다움도 남들에게 보이거나 자기 현시에만 가능한 것이 아니라 오히려 보이지 않는 곳의 치장이 더 아름답다. 화장실도 아름다워지려면 이런 조건이 충족되어야 할 것이다.

(2008. 3. 19.)

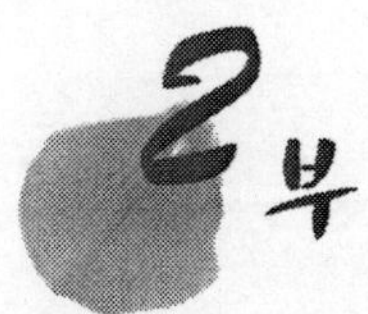
2부

찻집 브람스

나는 회사에서 좀 한가하거나 마음이 심란할 때는 사무실 근처에 있는 브람스란 찻집을 찾는다.

그 찻집은 2층에 있다. 종로구 재동 네거리 도로변에 위치한 목조건물의 2층인데 시멘트 빌딩의 딱딱함보다 목조가옥의 감각이 좋고 브람스란 이름 따라 흐르는 클래식 음악이 좋다.

그보다 내가 그 다방을 찾는 것은 2층에서 창밖으로 내려다보이는 네거리의 전망이 좋아서다. 끊임없이 밀려오고 밀려가는 각종 차량들의 모습을 바라볼 수 있고, 또 신호 따라 기다렸다 건널목을 건너가는 군상들의 여러 모습을 지켜볼 수 있으며 날씨가 맑은 날은 멀리 높은 빌딩 사이로 내비치는 하늘과 그 하늘에 둥둥 떠가는 구름조각이 내 마음을 끈다.

나는 거기서 글을 쓰거나 책을 보기도 하고 괴로운 시름을 잊기도 하며 새로운 일의 구상이나 복잡한 생각의 정리를 한다. 어떤 때는 별 생각 없이 뜨거운 커피를 마시며 차창으로 흐르는 온갖 모습에 눈을 팔고 멍하니 앉아 있기도 한다.

브람스에는 다른 때는 몰라도 내가 가는 2시쯤에는 별로 손님이 없다. 이 구석 저 구석에 한두 사람 앉아서 아무 소리도 없이 책을 보거나 사람을 기다리고들 있다.

그러기에 창가 자리는 웬만하면 나의 차지가 될 수 있다. 언제나 내가 앉는 그 창가의 자리에 가서 앉으면 앉기가 바쁘게 남자 아르바이트생이 와서 차 주문서와 엽차를 내민다.

별로 예쁠 것도 없고 미울 것도 없는 30대의 주인마담이 있는데 대개 내가 갈 땐 없다가 나중에 나타난다. 나는 남자 아르바이트생에게는 차를 시키기가 싫어 나중에 시키겠다고 하고 한참 있다가 그 마담이 오면 차를 시킨다. 마담이 오면 그 아르바이트 청년은 교대를 하는 모양이다.

마담은 차를 주문받으면서도, 또 차를 가져와서도 별 말이 없다. 간단히 묻는 말에만 대답을 할 정도다.

그런데도 나는 그 마담이 오면 기분이 좋다. 별로 대화를 하지 않으면서도 그냥 마음이 싱그러워진다. 아마도 그 마담은 사람의 마음을 끄는 무슨 마력 같은 것이 있는가 보다.

그가 지닌 마력이 무엇일까. 용모도 언어도 별스럽지 않은데 꼭 그 이유를 찾는다면 브람스란 다방 이름과 그가 보내주는 음악 때문이 아닌가 싶다. 이름도 모르는 감미로운 음악이 흐르면 그 곡은 모두 브람스의 곡인 것 같고 그가 유독 이런 이름의 다방을 경영하는 것은 그에 상응하는 취미와 서정의 소유자일 것이라는 생각이 나를 사로잡는다.

이 다방을 다니기 전에는 바로 회사 건물의 지하 1층에 있는 '소나타'라는 레스토랑을 자주 이용했다. 거기는 네 사람이 앉을 수 있는 방과 아니면 10여 명이 앉을 수 있는 방이 마련되어 있기에 작은 방 하나를 차지하면 나의 방과 다름이 없고 비교적 조용하여 그곳에서 회합이나 식사도 할 수 있어 자주 이용을 했다.

그런데 상당한 기간을 다니다보니 지하실이 싫어지는 것이었다. 공기도 나쁘고 사방이 벽으로 둘러싸여 갑갑한데 하필이면 밝은 지상의 다방을 두고 그런 깊숙한 지하를 찾을 필요가 무엇인가. 생각이 바뀌었다.

브람스는 그 전에 수필가 J여사가 애용하며 〈브람스의 오후〉란 수필을 얻기도 했고, 자신의 수필집 ≪바람은 무엇으로 사는가≫를 비치하여 두고 필요한 독자들에게 구독토록 한 다방이기도 하다. 그가 나를 만날 일이 있으면 그곳으로 불러내어 그 분위기를 알게 되었다.

그런데 그 브람스의 음악이 그렇게 좋고 그 마담이 그런 마력의 소유자인 줄 몰랐다.

하루는 거기 가서 밀린 원고를 쓰고 있는데 마담이 조금 후 아르바이트 남학생과 교대를 하더니 아무 말도 않고 감미로운 음악을 틀기 시작했다. 나는 집필에 한창 열중하느라 다방 안에 나 외에 손님이 얼마나, 누가 있는지도 모르고 있다가 아름다운 음률에 마음이 끌려 다방을 살피니 그녀와 나밖에 없었다. 그런데도 그가 감미롭고 신나는 음악을 틀어주는 것은 순전히 나를 위해서였다.

나는 한참 그가 틀어주는 음악을 듣고 있다가 그를 불러 차를 한 잔 시키며 말을 걸었다.

"이 다방을 한 지 얼마나 되었어요?"

"한 3년 되었습니다."

"그럼, 처음부터 시작한 것이 아니고 중간에 인수했군요."

"네. 이 다방은 15년 전부터 있었습니다."

"브람스란 이름이 마음에 드세요?"

"그럼요."

"그래서 이름을 바꾸지 않고 그냥 하는군요."

그녀가 내게 들려주는 곡은 브람스 작 〈Academic Festival overture〉 〈교향곡 1번〉 〈교향곡 4번〉 〈Ungarisch Tänze〉 등이다.

일반적으로 흔히 들어오던 클래식인데도 오랜만에 들어서 그런지 가슴 깊숙이 정감의 덩어리가 솟아오르는 흔들림을 느낄 수 있었다. 요즈음은 TV나 라디오, 또 다방이나 레스토랑에서 트는 음악은 주로 시끄럽고 템포가 빠른 랩이나 라이트 뮤직이라 식상해 있는데 모처럼 귀에 익었던 클래식을 들으니 음악에 별로 예민하지 않고 조예가 없는 편인데도 그 감동은 여간 큰 것이 아니다.

이 다방에서는 브람스 곡만 트냐고 물으니 다방 이름이 브람스이니 주로 브람스 곡을 틀지만 때로는 다른 곡도 튼다고 한다.

손님들 중에는 브람스 곡은 클래식이라도 템포가 느린 고전이라 좀 빠른 곡을 원하는 손님도 있다고 한다.

어쨌든 손님이라고는 나 하나밖에 없는데 여러 곡을 정성껏 틀어주는 그 여인의 마음씨가 고맙기만 하다.

세상은 그저 바쁘게 변하고 사람들 또한 그에 따라 바쁘기만 하여 조용히 음악을 들으며 사색을 즐길 여유가 없는 것 같다. 옛날의 다방은 차를 마시거나 손님을 만나는 곳일 뿐 아니라 음악을 듣고 사람도 사귀는 사랑방 역할을 했는데, 요새는 그저 비즈니스로만 찾는 것 같다.

이런 생각을 하며 음악에 빠져 있다가 창밖을 내다보니 어느덧 해가 기울고 석양 따라 네거리에 빛나는 신호등 빛이 한결 붉게 빛나고 있다.

저쪽 건널목에서는 교통법규를 위반한 운전수와 그를 단속하는 교통순경이 시비를 벌이고 있다. 차라리 그 풍경은 안 봤으면 좋을 것 같다.

그래도 하오의 한 시간, 클래식과 여인과 차가 있는 창변은 세정에 찌든 나의 마음을 씻어주기에 부족함이 없다. 내게 이런 창변이 있다는 것은 얼마나 행복한 일인가.

태풍의 교훈

지난여름은 지독하게 뜨겁고 메마른 계절이었다. 50년 만에 처음이니, 70년 만에 처음이니 하는 말이 나올 정도였고 서울, 강릉이 36.7도, 대구가 39도까지 올라간 날이 있었으니 그 뜨거움이 어떠했는가를 짐작하고도 남음이 있을 것이다.

일을 하는 것은 그만두고 제대로 숨을 쉴 수 있었던 것만도 다행한 일이었다.

한창 더위가 맹위를 떨치자 가족끼리 아니면 혼자라도 산이나 바다로 피서를 가거나 집안에 꿈쩍 않고 들앉아 더위와 싸우기에 여념이 없는 것이 대부분 사람들의 모습이었다.

그러다가 비가 내리고 더위가 한풀꺾이자 사람들은 거리로 나와 심호흡을 하며 살았다는 안도감에 기뻐하고 친지들을 만나면 반갑게 손을 잡고 그간의 안부를 묻기에 바빴다.

어떤 모임에서는 그 무더운 여름에 무사히 살아남은 것을 축하하는 잔을 높이 들자고 제안하는 친구도 있었다.

사람이 살아가는 데 있어 가난과 질병과 재난이 없으면 얼마나 좋을까.

이러한 질병과 재산으로 인한 인간의 고통을 해결하기 위해 석가는 왕좌를 버리고 설산에서 고행을 거듭했고 예수는 하나님의 아들로서 이 땅에 내려와 세상 사람들의 죄를 대신하여 십자가에 못 박혀 죽기까지 했지만 그 고통은 여전히 인간의 몫이 되고 있다.

인간을 창조하고 사랑하는 하나님은 어찌하여 이런 재앙을 인간에게 주어 고통을 당하게 하는가.

그런데 이런 가난이나 병고가 없다면 과연 인간은 행복할 수 있으며 그런 병고와 재난들은 인간에게 백해무익으로만 존재하는 것인가.

반드시 그런 것만은 아닌 것 같다.

지난여름 한창 가뭄과 더위가 몰아쳐 모든 식물이 고개를 비틀고 동물들이 숨을 헐떡거릴 때 남쪽에서 불어온 브랜런과 넬슨 태풍은 시원한 바람과 비를 몰고와 우리의 메마른 산하를 적셔 주었다. 얼마나 반갑고 고마웠던지, 그 앞에 '효자'라는 칭호까지 붙이지 않았던가.

그전까지만 해도 태풍은 우리에게 공포와 재난의 적으로만 알았다. 태풍이 온다 하면 많은 재산과 인명의 피해를 예상하며 두려워했다. 그 끔찍한 사라호 태풍은 우리들에게 공포와 피해를 가져다준 태풍의 대표적인 이름이었다.

그런데 그런 끔찍한 공포와 피해의 태풍도 때로는 인간에게 악으로만 존재하는 것이 아니라는 것을 깨닫게 했다.

태풍은 홍수와 폭풍을 몰고와서 이 땅에 무질서하게 널려 있는 쓰레기들을 말끔히 씻어내리고 해이해진 인간들에게 단속과 주의를 주는 유익함이 있다는 것을 우리는 체험하게 되었다.

그런 의미에서 보면 병마와 가난도 마찬가지가 아닌가. 그것들도 우리의 악과 적으로 고통과 시련만을 주는 것이 아니라 그 반대 급부도 있다는 것을 생각하지 않을 수 없다.

질병이 없다면 건강의 기쁨을 모를 것이고 가난이 없다면 풍요의 가치를 모를 것이며 천재지변이 없다면 자연의 고마움을 망각하고 말 것이다.

장자의 우화 중에 '신발이 발에 맞으면 그 고마움을 모른다.'는 말이 있다. 낮이 다하면 밤이 오고 계절이 순환하며 찬란하게 쏟아지는 태양이 있는가 하면 그늘을 주는 구름과 대지를 흠뻑 적시는 단비, 아무데서나 마음껏 마실 수 있는 공기와 물, 이런 자연의 섭리가 너무도 잘 갖추어져 있기에 우리는 그 고마움을 모른다.

우리 몸의 구조와 생리도 항상 완전과 정상으로 돌아가려는 성향이 있어 병이 들거나 상처를 입으면 치료를 하지 않아도 저절로 몸안에서 정상으로 돌아가려는 작용이 끊임없이 이루어지고 있다는 것이다.

그러나 우리는 그런 자연의 섭리나 신체적 기능의 고마움을 모르고 살고 있다. 그러다가 병이 들고 자연의 재해를 입고 가난에 빠지게 되면 비로소 건강했을 때 풍요로웠을 때의 고마움을 조금이나마 깨닫게 된다.

그뿐만 아니라 우리의 적과 악으로만 아는 가난과 질병과 재난이 우리가 모르는 가운데 인간에게 유익한 작용을 하고 있다는 것을 생각하지 않을 수 없다.

그러므로 우리는 병들거나 고독하거나 태풍이 불고 가뭄의 재해를 당해도 너무 비관하거나 실망하고 저주할 것이 아니라 오히려 그런 재앙을 고마워해야 할 이유도 있다는 것을 깨달아야 한다.

지난여름 그 지독한 가뭄과 더위를 이겨냈기에 이 가을이 더욱 시원하고 상쾌해지는 것 같다.

(1995. 10)

먹기 위해 산다

음식을 먹는다는 것은 즐거운 일이다. 우리는 대개 아침, 점심, 저녁, 하루 세 끼는 고정적으로 먹는다. 이는 몸의 영양공급을 위한 음식이다. 살기 위해 먹는 것이다. 그 외에도 수시로 반가운 손님이나 즐거운 일이 있으면 맛있는 음식점을 찾는다. 이것은 즐기기 위해 먹는 것이다.

인간이 산다는 것은 맛있는 음식을 먹기 위한 노력이라고 해도 과언이 아니다. 음식의 맛은 그 사람의 식성과 기호, 또는 허기의 정도에 따라 다르다. 반드시 주지육림이라고 해서 맛있는 것이 아니고 소찬이라고 해서 맛이 없는 것은 아니다. 시장이 반찬이라는 말이 있듯이 아무리 맛없는 음식이라도 배가 고프면 꿀떡이다.

징역을 살고 나온 젊은이에게 지금 당장 무엇이 먹고 싶으

냐고 물으니 시장통에 가서 뜨거운 설렁탕에 흰쌀밥을 말아서 땀을 뻘뻘 흘리며 먹고 싶다고 한 어느 신문의 인터뷰 기사를 읽은 적이 있다.

나는 고슬고슬 갓지은 쌀밥에 싱싱한 생선 갈치구이를 얹고 몽고 간장을 쳐서, 가실가실하게 잘 구운 김에 싸서 먹는 것을 좋아한다.

꽁보리밥을 고추 된장과 싱싱한 상추에 싸서 먹으면 부잣집 영감님 밥상이 부럽지 않다. 때로는 자장면도, 비빔밥도 맛있고 인스턴트 모밀국수도 직접 끓여 먹기를 좋아한다. 더러는 돼지목살이나 소갈비 등 불고기도 좋고 보신탕도 즐긴다.

이런 좋아하는 음식을 정다운 사람들과 즐거운 대화를 나누며 들고 보면, 사는 것이 즐겁고 진정 인간은 먹기 위해 사는 것을 실감하게 된다.

나는 어릴 적 친구들과 '먹기 위해 사느냐, 살기 위해 먹느냐'는 토론을 종종 벌인 적이 있다. 그럴 때 나는 줄곧 사람은 살기 위해 먹는다고 주장했다. 사람이 생명을 유지하고 일을 하는 데는 많은 영양분이 필요하고 그것을 공급하기 위해 음식을 먹는 것이라고 생각했다.

간혹 먹기 위해 사는 것 같기도 생각되었지만, 인간이 먹기 위해 산다면 천박하고 저능하며 개 · 돼지 · 소 같은 짐승과 다를 것이 없다고 생각되어 살기 위해 먹는 쪽으로 고집을 세우곤 했다.

그런데 나는 요즘 인간은 살기 위해 먹는 것이 아니라 먹기 위해 사는 쪽에 손을 들어줘야겠다는 생각을 하게 되었다.

오랫동안 통풍을 앓아오다가 더 이상 약국 약으로는 견딜 수가 없어 병원의 문을 두드렸다. 병원에서는 여러 가지 검사도 하고 검사결과에 따라 약을 주어, 먹었지만 별 효험이 없었다.

원래 통풍은 약으로는 고치기 어렵다고들 했다. 근본적 치료를 위해서는 식이요법밖에 없다 하여 영양과 의사와 상담을 했다. 영양과 의사는 통풍은 우리가 섭취한 단백질이 분해되면 요산이 생성되는데 퓨린의 장애로 그 요산이 제대로 분해, 소모되지 않고 혈액에 증가되면서 모세혈관을 막아 통증을 앓게 되는 것이라며 그런 원인의 음식을 줄여야 한다고 했다.

그러면서 '통풍의 식사요법'이란 미리 준비된 인쇄물을 내놓으며 삼가야 할 음식에 대해 설명을 했다. 그 중 주된 것은 단백질이 많은 음식인데 하루에 쇠고기는 달걀 하나 정도, 달걀은 1개, 두부는 5분의 1모 외에는 먹지 말라고 했다. 그리고 퓨린의 함량이 높은 구운 육류, 내장 부위, 어패류, 등푸른 생선, 날야채, 짠 음식, 잡곡밥 등도 삼가라고 했다.

그 의사의 설명을 듣는 시각부터 나는 그런 음식은 입에도 안 대기로 작심을 했다. 걸음도 못 걷고, 운신조차 하기 힘든 통증을 생각하면 그런 음식 삼가는 일은 아무것도 아닐 것 같았다.

그런데 하루는 퇴근을 하니 아내가 관악산 등산길에 산기슭

약수터에서 기른 무공해 상추를 사왔다며 평소 좋아하는 꽁치 조림과 함께 저녁상을 차려 내놨는데 이걸 어쩌랴. 의사의 말을 따를까, 먹고 싶은 욕망을 취할까.

야들야들한 상춧잎이 목젖을 잡아당기고 싱싱한 꽁치구이가 시선을 사로잡는데 견딜 수가 없었다. 그러나 그것을 먹고 밤새도록 통증에 시달릴 것을 생각하면 어느새 입맛이 싹 가시기도 했다. 그러면서 한번 결심한 것을 못 참고, 스스로 무너지고 말 수 있겠는가 싶어 간장과 김치로 밥그릇을 비우고 말았다.

그런지 며칠 후에는 점심시간에 문우 몇 사람이 우리 사무실 옆 불고깃집에 가서 돼지목살구이를 먹자고 왔었다. 그 돼지목살구이는 식당주인 할머니가 특별히 좋은 고기를 골라 양파 등 갖은 양념에 절여 숯불에 구워 주는데 쇠고기보다 더 육질이 부드럽고 맛이 있어 사무실을 자주 찾는 문인들에겐 잘 알려져 종종 그것을 먹으러 오곤 한다.

그날도 나는 괴로운 식사를 해야 했다. 문우들과 함께 먹고 싶은 생각이 굴뚝같았으나 육고기 구이를 삼가라고 했으니 하는 수 없이 나만 김치와 해장국으로 점심을 먹을 수밖에 없었다.

고기가 불에 익는 구수한 냄새를 맡으며, 또 일행들이 상추쌈을 볼이 미어지게 한 입씩 넣고 우물우물 씹어먹는 것을 볼 때 여간 견디기가 어려웠다. 차라리 그들만 가게 하고 나는 다른 식당으로 가서 백반이나 먹었으면 좋았을 걸 괜히 동행을 했다 싶었다.

더러는 약을 올리느라고 귀신도 먹고 죽은 귀신은 볼썽이 좋다는데 죽는 한이 있어도 먹고 볼 일이지, 그렇게 의사의 말 한마디에 맥을 못추냐고 핀잔을 주기도 하여 은근히 끓어오르는 화를 참느라 이중고를 치러야 했다.

그 후에도 나는 무슨 회식이나 음식 초대에는 관련이 없는 사람이 되었다. 회식이나 식사 초대에 나가면 으레껏 육고기 아니면 내가 삼가야 할 음식들이 주종을 이루니 차라리 외면하거나 사양을 하는 것이 상책이었다.

그런지 두어 달 정도 되었을까. 고기와 쌈이 먹고 싶어 더 이상 견딜 수가 없었다. 점심시간이면 회사 옆 건물에 있는 불고깃집에서 고기 굽는 냄새가 유난히 코를 찌르고 전에는 예사로 보이던 길 건너편 영양탕집 간판 글씨가 주먹처럼 확대되어 시선을 끌었다. 심지어는 퇴근길 집 가까이에 있는 카레 식품공장 앞을 지날 때 카레 냄새가 어쩌면 그렇게 구수하고 향긋한지 당장 공장으로 들어가 배가 터지게 퍼먹고 싶었다. 평소에는 그곳에 있는지조차 몰랐던 설렁탕집, 돼지갈비집도 튀어나와 코와 눈을 유혹한다.

집에서 아침, 저녁 밥상을 받으면 짜증이 났다. 아내는 나의 건강을 위해서 될 수 있으면 육식이나 생선 등 삼가야 할 음식을 피하고 정성들여 미역국이나 콩나물국을 내놓는데 어쩌면 그렇게 철저할 수 있는지, 그 마음씨가 오히려 원망스럽기까지 했다. 아내가 실수한 척하고 고기를 굽거나 평소 좋아하는 무공해 상추쌈을 내놓으면 나도 모르는 척하고 먹어 주고 싶은데 그렇지 않으니 야박스럽기 그지없었다.

더욱이 간이 제대로 맞지 않은 싱거운 음식을 먹는다는 것은 고역 중의 고역이었다. 소금의 귀중함을 몇 번이나 느꼈다.

식욕을 채우지 못하니 체중도 푹푹 줄고 얼굴도 야위어갔다. 세수할 때나 목욕할 때 얼굴과 팔다리를 만지면 흐물흐물 힘이 없고 유달리 나온 배도 홀쭉 들어가 태풍이 불면 날아갈 것만 같았다. 실제는 그렇게 야위어 가는 것은 아닌데 생각이 그렇게 들었다. 그러니 책도 보기 싫고 등산이나 산책도 싫고, 친구들과 어울려 이야기하기도 싫고 세상만사가 싫어지는 것이었다.

당장 절제를 포기하고 먹고 싶은 것을 마음껏 먹고 싶지만 그로 인하여 오는 통풍의 통증을 생각하면 이러지도 저러지도 못하는 처지이다. 더러는 병을 고치기 위해, 도를 깨치기 위해 생식을 주로 하는 사람도 있고 채식만 하는 사람도 있고 다이어트를 하는 사람들은 별별스런 방법으로 먹는 것을 줄이지만 의지와 인내력이 약한 나로서는 진정 감당키 어려운 일이다.

성경의 다니엘서에는 다니엘과 그 친구 세 사람이 포로가 되어 있을 때, 특별히 왕의 총애를 받아 육식이 허락되었지만 성민으로서의 피를 더럽힐 수 없다고 채식만을 고집, 육식을 한 사람보다도 얼굴에 화색과 생기가 돌았다는 얘기가 있다.

그 얘기는 내가 마음대로 음식을 먹을 때는 대단한 결심이요, 나도 채식만 해봤으면 하는 생각이 들기도 했지만 내가 막상 먹고 싶은 음식으로부터 차단당하고 보니 그것은 아무나 하는 것이 아니요, 특별히 신의 은총을 입은 자만이 하는 것이라 여겨졌다.

먹고 싶은 음식을 제대로 못 먹고 사는 것은 사는 것이 아니다. 흔히들 빼빼 마른 소크라테스가 될지언정 살찐 돼지가 되고 싶지 않다는 말이 있지만 그 반대였다. 차라리 살찐 돼지가 될지언정 깡마른 소크라테스는 되기 싫은 심정이었다.

이런 심정은 먹고 싶은 음식을 제대로 먹어보지 않은 사람은 이해하지 못한다. 인간의 모든 행위는 먹기 위한 노력이다. 반가운 사람을 만나도 식사나 약주를 한잔해야 직성이 풀리고, 좋은 일이 있으면 모여서 회식을 해야 하고, 설 추석 등 명절은 맛있는 것을 먹는 날이다. 심지어는 슬픈 일, 궂은일에도 먹어야 하고 부모나 자식의 주검 앞에서도 먹어야 일이 되는 것이다.

인간이 세상을 살아가는 데는 여러 가지 재미가 있지만 그 중에도 식도락은 가장 기본적이요, 참삶의 재미인 것 같다. 그래서 예수도 나는 먹보요 포도주를 즐기는 자라고 실토했는지 모른다.

먹으며 즐기는 것은 행복이다. 단순히 먹는다는 것은 생명을 유지하는 수단이지만 먹으며 즐긴다는 것은 여유와 맛의 향연이다. 더러는 지나치게 호의호식해서 탈이고 절제 속에서 풍요로움이 귀한 것이지만 어쨌든 식도락의 형유는 행복한 것이다.

인간은 분명 살기 위해 먹는 것이 아니라 먹기 위해 사는 것 같다. 좋아하지 않는 음식이라도 실컷 먹을 수 있으니 호사스러움에서 나온 생각일까. 하기야 한 끼의 빵도 제대로 못 먹고 초근목피로 연명하는, 삶을 사는 것이 아니라 생명을 잇기 위한 하루 세 끼의 식사도 못하는 이북 동포들을 생각하면 호강에 겨운 투정인지도 모른다. 자본주의의 대표적 체질에서 인지도 모른다.

(1997. 5)

誤解

김 장로님이 아무래도 이상했다. 내가 새벽기도회에 안 나간 지가 한 달이 넘었는데 심방은커녕 전화 한 통화 없으니 해도 너무하는 것 같았다.

김 장로님과 나는 같은 아파트에 살고 있다. 나는 2층, 그이는 4층, 나는 엘리베이터를 타지 않고 그냥 계단으로 오르내리지만 그이는 엘리베이터를 타야 하므로 우리 집을 거치지 않고 1층을 통해 바로 오르내린다. 일부러 우리 집에 들르지 않으면 그냥 지나치게 마련이다.

그래도 거의 매일 새벽에 만나 같은 새벽기도회에 가는 사람이 한 달이나 보이지 않으면 일부러라도 들러 보든지 아니면 전화라도 걸어 안부를 물어볼 일인데 감감무소식이었다.

그이와 나는 3년 전 같은 아파트로 이사오면서 알게 되었다.

나는 그이보다 이사를 한 해 정도 먼저 와서 전부터 다니던 Y감리교회는 거리가 멀어 주일날만 나가고 새벽기도회는 집에서 가까운 P교회로 나가고 있는데, 하루는 J교회의 버스가 새벽마다 우리 아파트 앞에 서고 그이의 내외가 타는 것을 보게 되었다.

요새는 아파트 단지나 주택지를 가릴 것 없이 교회도 많고, 교인도 많아 같은 아파트에서도 서로 다른 교회로 나가는 것은 자연스러운 일이라 예사로 보고 다녔다.

그런데 같은 아파트에서 거의 같은 새벽 시간에 나가고 들어오니 서로 맞닥뜨리게 되었다. 성경 찬송가 책을 옆구리에 끼고 있으니 교인임을 당장 알 수 있고 같은 아파트에 살면서 새벽에 만나니 반가워서 수인사를 했다.

그는 서울 시내 어느 장로교회의 원로장로로 있다가 이사를 하면서 아예 내가 나가는 P교회 옆에 있는 J교회로 옮겨 열심히 나가고 있었다.

그런데 1년이 지났을 즈음, 우연히 내가 나가는 P교회에서 그를 새벽에 만나게 되었다. 왜 J교회로 안 나가고 이리로 왔느냐고 물으니, 이사를 오자 J교회에 아는 사람이 있어 그리로 정했으나 알고 보니 P교회가 더 은혜스러운 것 같아 목사님을 만나 상담한 후 그리로 옮겼다는 것이었다. 그러면서 약간 부끄러워하는 기색을 보였다.

장로가 한번 교회를 정했으면 좋든 궂든 계속 다닐 것이지

이리 갔다 저리 갔다 하느냐고 내가 속으로 치부하지나 않을까 자괴심을 갖는 표정이었다.

그런데 금년 봄에 P교회의 우리 아파트 담당 전도사님을 모시고 우리 집에 심방을 왔다. 자기가 우리 동의 구역장이 되었는데, 내가 정식 등록 교인은 아니나 새벽기도회에 자기 교회에 나오니 전도사님과 함께 심방을 하는 것이 좋을 것 같아 모시고 왔다는 것이다.

나는 그간 P교회에서는 등록교인이 아니라고 심방 한번 안 해주는가 싶어 원망스럽기도 했고, 등록도 안한 교인이 뭘 그런 것을 바라는가 주제넘기도 하여 아예 바라지도 않고 있었다.

그러던 차에 뜻밖에 김 장로가 전도사를 모시고 심방을 왔으니 고맙기 그지없었다. 그이도 본교회를 떠나 이 교회 저 교회 다니면서 설움을 받아봤기로 내 심정을 짐작하고 그랬는가. 같은 하나님을 믿고 믿는 자는 한 형제라 하지만, 남의 교회에 가면 비늘방석같이 불안하고 어색한 기분이 드는 것은 겪어보지 않은 사람은 모를 것이다.

어쨌든 그의 심방, 더욱이 전도사까지 대동한 심방은 나의 가슴을 흔들리게 했고 눈시울을 뜨겁게 했다.

그 심방이 있은 후 김장로와 나는 퍽 가까워졌다. 그전에는 그저 같이 새벽에 같은 교회를 오가니 인사할 수밖에 없었고 교회버스를 같이 탈 때도 있지만, 어차피 내가 승용차를 운전

하고 가는 날은 태워줄 수밖에 없는 덤덤한 사이였지만 그 이후로는 진정 한 형제 같은 친근감과 다정함을 느끼고 서로 관심을 갖게 되었다. 안 보이면 궁금해서 전화를 걸거나 찾아가 보기도 했다.

그런데도 내가 그전부터 앓고 있는 다리의 통풍이 재발하여 한달이나 새벽에 나가지 못했는데, 그는 아무런 소식이 없었다. 나는 그를 무척 기다렸다. 회사에서 퇴근을 하면 집사람에게 행여 그로부터 전화나 연락이 없었느냐고 물어도 보고, 전화벨이 울리면 행여 그이인가 귀를 세우곤 했다. 그래도 소식이 없자 처음에는 바쁜 일이 있어서겠지 하고 그의 입장에 서서 자위를 해보기도 했지만 나중에는 원망이 가슴을 메웠다.

자기 교회에 등록도 안된 교인이요, 아무리 같은 아파트에 살지만, 그는 나를 돌봐야 할 의무감이 있는 것이 아니지 않는가. 자책도 했다. 그러면 지금까지 반갑게 만나고 인사하고 관심 가진 것은 형식이요, 가면이었단 말인가. 열 길 물 속은 알아도 한 길 사람 속은 모른다더니 그럴 수가 있는가. 이래도 저래도 서운한 마음은 가실 줄 몰랐다.

그런 원망 속에 시간은 흘러 어느덧 나는 다리가 나아 한 달여 만에 다시 새벽기도회에 나갔다. 새벽에 그를 만나면 어떻게 할까. 아무 일도 없었다는 듯 인사를 할까, 아니면 그럴 수 있느냐고 한마디 해줄까.

그런데 그는 그날 새벽 아파트 앞에서 보이지 않았다. 내가 없는 동안에 교회버스를 타고 다녔을 것이니 교회에 갔다가 나올 때는 만날 수 있겠지 하고 뒤로 미뤘다.

그러나 기도회를 마치고 밖으로 나와 그를 찾았으나 보이지 않았다. 1부 예배를 보고 갔을까. P교회는 새벽기도 회원이 많아 5시와 6시 1, 2부를 보고 있어 잠이 깨이는데 따라서, 개인 스케줄에 따라서 택할 수 있는데 그이는 1부 예배를 볼 때도 더러 있었다.

그런데 다음날 새벽이었다. 내가 2부 예배를 드리고 교회 계단을 내려오면서 보니 저만치 누가 한쪽 팔을 싸매고 팔걸이를 목에 걸고 내려가고 있었다. 누구일까 하고 다시 눈여겨보니 그가 김 장로였다.

그는 내가 새벽기도를 나가지 못하고 있던 3일 후 아파트 계단을 내려오다 미끄러져 오른팔이 부러지고 다리며 머리를 다쳤는데, 그간 병원에서 치료를 받다가 이틀 전부터 새벽기도회에 나오게 되었다는 것이다.

나는 할 말을 잊고 말았다. 그동안 나는 나대로 그이를 원망했고, 그이는 그이대로 나를 얼마나 원망했겠는가.

등잔 밑이 어둡다더니 같은 아파트에 살면서 서로 살필 줄은 모르고 상대가 자기에게 관심 가져 주기만을 바라고 오해만 하고 있었으니 이런 부끄러운 일이 어디 있는가.

(1997. 5)

나의 창문窓門

나의 사무실에는 북쪽으로 향한 문이 하나 있다. 벽 한가운데에 위치한 문으로 보통 출입문 크기의 비상 탈출구이다.

이 문은 나의 마음의 창이요, 활짝 열린 가슴이다. 5층에 있는 이 문은 활짝 열면 시원한 공기가 가슴을 헤집는가 하면 멀리 아름다운 전경이 비단처럼 펼쳐진다.

바로 눈앞에는 옛 창덕여고 자리에 위치한 헌법재판소가 버티고 있고 그 건물을 중심으로 오른쪽으로는 현대건설 본부와 정독도서관, 재동초등학교가 있고 좀더 멀리는 국무총리 공관과 감사원 건물이 우뚝 솟아 있으며 왼쪽으로는 한국일보와 중앙청, 불교선원이 키를 자랑하고 있다.

그러나 그런 키 높은 건물들은 시내 높은 빌딩들에 비하면 자랑할 게 못 되고 다만 그 주변으로 전개되는 크고 작은 주택들, 그 중에서도 서울시의 문화재로 보존되고 있는 가회동의 한옥들이 오랜 세월을 말해주는 정원수들과 함께 전통적 문화의 서정을 불러일으킨다.

좀더 눈을 높이 들어 멀리 보면 왼쪽으로는 인왕산, 가운데는 북악산, 또 오른쪽으로 잔잔한 능선 너머 멀리 북한산의 보현봉을 중심한 크고 작은 산봉우리가 병풍처럼 둘러 있어 가히 절경이다.

대개 이 문은 겨울에는 닫아둔다. 봄에는 간혹 열어 상큼한 봄바람을 쏘이고 여름에는 매일 활짝 열어둔다. 가을 찬바람이 일면 닫았다 열었다 하고 한겨울에는 꽉 닫는다. 5층 높이에서 맞는 북풍이 거세기 때문에 틈새에 스카치테이프를 붙여 한줄기의 한풍도 드나들지 못하게 한다.

글을 쓸 때나 교정을 볼 때 머리가 막막하여 붓이 나가지 않으면 한겨울을 제하곤 이 문을 활짝 열어놓고 많은 풍경들에서 상념의 실마리를 찾는다. 또 회사일이나 가정사가 잘 안 풀릴 때도 문을 활짝 열어놓고 멍하니 앞을 바라보고 있으면 시름이 곧 사라지기도 한다. 사무실을 찾아온 손님이 5층 계단을 올라오며 덥다고 헉헉거리거나 땀을 닦으면 선심이라도 쓰듯 활짝 열어 찬바람을 쐬여 주기도 한다.

처음 그 전경을 보는 사람들은 경치의 아름다움과 시원함에 경탄을 금치 못한다. 언제 이런 문이 있었느냐, 과연 선경이구나를 연발한다. 그래서 나는 손님들을 생각하여 좌석 배치도를 나는 등을 지고 앉고 손님은 그 전망을 바로 보도록 해놓고 있으며, 어떤 땐 그 문 여는 것을 깜빡 잊고 있다가 갑갑하다거나 땀을 흘리면 활짝 열어주기도 한다.

많은 사람들이 눈앞에 전개되는 경치와 멀리 솟아 있는 산봉우리들을 보고 감탄을 금치 못하면서 정작 그 산의 주봉은 정확히 아는 사람이 별로 없어 안타깝다.

가운데의 북악산은 경복궁의 진산鎭山이며 지금 청와대의 뒷산으로 백악산白岳山이라고도 한다. 1395년 태조 4년에 쌓은 성벽이 둘러 있다.

왼쪽에 있는 인왕산은 산 전체가 화강암으로 노출되어 있고 조선조의 명산이다. 약수터가 있고 인간만사의 복을 꿈꾸는 무당들의 요람이기도 하다.

한 겹 뒤에 있는 북한산(실제 보이는 봉우리는 보현봉, 국민대학 뒷산으로 통한다)은 삼각산이라고도 하고 백운대(해발 837미터)와 인수봉이 최고봉이며 남쪽에는 만경대가 있다.

인왕산과 북악산은 날씨가 웬만하면 모두 그 봉우리를 드러내나 북한산은 여간 맑은 날이 아니면 그 자태가 선명하지 않다. 그리하여 그 산들은 어찌 보면 두 봉우리, 어찌 보면 세 봉우리로 안개와 구름에 따라 조화를 부려 그 경치가 묘하다. 안개나 구름이 산중턱을 스치는 날이면 설악이나 지리산이 부럽지 않은 정감에 가슴이 설렌다.

눈앞을 가로막고 있는 헌법재판소도 그 건물이 그런 곳이라고 아는 사람이 별로 없다. 창덕여고가 강남으로 이사 가고 이곳에 헌법재판소를 지어 1994년에 개소를 했는데 법조의 최고 기관다운 위엄도 없고 장식도 없는 7층의 시멘트 건물로 평소엔 인적과 차량이 드물어 한적감마저 느끼나 무슨 이슈가 생기면 이곳에까지 데모대가 몰려와 깃발을 올리고 함성을 지를 때가 있다. 그럴 땐 그 문을 열고 구경을 잘 한다. 농민들이 데모를 할 때는 그 방법의 서투름과 그 순진한 차림에 안타까운 연민을 느낄 때도 있다. 그러나 우리나라 최고의 헌법기관이 내 눈밑에 있다는 자만심을 느낀다.

왼쪽에 높이 솟은 현대건설 본부는 옛 휘문고교를 인수하여 지은 14층 건물인데 현대건설의 사세 때문인지 그 웅장함과 매끄러운 외벽만 봐도 돈 냄새가 나는 것 같다. 우리나라 최대 기업의 사옥을 매일 보며 어쩌다가 인근 식당에서 그 임원들과 식사라도 하게 되면 괜히 동일시의 정감을 느낀다.

정독도서관은 지붕만 보인다. 도서관이라기보다 무슨 공장의 기숙사 같은 모습을 하고 있다. 옛날 경기고등학교를 개조해서 그런지 귀중한 도서를 보관, 열람하는 곳이라기엔 빈약하다. 그러나 그 안에서는 수많은 문헌이 진열되어 있고 많은 이 나라의 2세들과 독학자들이 향학열을 불태우고 있다는 것을 생각하면 독서욕이 절로 생기기도 한다.

멀리 산중턱의 감사원은 사정의 칼날이 번득이는 곳이라고 생각하면 가슴이 서늘해지다가도 사람 따라 드는 칼을 생각하면 가슴이 도로 더워진다. 제발 그 밑에 청정한 약수라도 흘렀으면 좋겠다.

내가 이곳 사무실로 이사온 지는 어언 10년, 안국역에서 사무실까지 오는 길이며 5층까지 오르내리는 계단이며 오래된 다른 사무실의 직원들까지 정이 들어 사무실이라기보다 주택 같은 다정함을 느끼지만 그 중에서도 이 문은 나의 마음의 창이요, 가슴의 심장처럼 귀한 존재가 되어 있다.

20여 평의 사무실을 칸을 막아 한쪽은 사장실 겸 강의실로 쓰고 한쪽은 편집실로 쓰고 있어 비좁고 5층까지 엘리베이터가 없어 힘들기도 하지만 그간에 든 정과 그보다는 이 문 때문에 이곳을 떠나지 못하곤 한다. 지난해 가을 IMF 한파가 몰아칠 때 많은 주변의 사무실이 비었기에 좀 넓은 데로 옮겨볼까 하다가 전세가 잘 빠지지 않을 것 같고 또 남들은 줄이고 좁히는 판에 무슨 통뼈라고 사무실을 넓힐 필요가 있을까 싶기도 하여 그만 주저앉고 말았다.

주인이 책 쌓을 곳을 별도로 마련해주고 도색을 새로 하여 주었다. 더구나 나의 사무실인 수필문학사가 이 빌딩에 있다고 하면 입주하는 사람들이 품위와 정감을 느끼고 안심하는 것 같아 좋은 데 가지 말라고 만류하는 바람에 이사하는 것을 포기하고 말았다.

며칠간 이사를 하는 것과 다름없는 고생을 하며 책을 옮기고 벽면을 비워 도색을 새로 하고 작은 사장실을 좀 넓혀놓고 보니 분통처럼 깨끗하고 아담스럽기 그지없다. 게다가 깨끗해진 사무실에서 그 문을 활짝 열고 시원한 바람을 마시며 수필 작가들과 함께 공부를 하니 날아갈 듯한 기분이다.

오뉴월 염천이면 에어컨도 무력해지지만 이 문을 열어놓으면 북쪽에서 부는 바람에 화학섬유 셔츠도 모시적삼처럼 시원해진다.

아! 나의 사랑하는 문이여, 언제나 너와 내가 함께 있으면 도심의 분진도 인파도 소음까지도 청량수로 변하리라.

(1998. 7)

라면 예찬

아침에 출근을 하는데 아내가 오늘은 몇 시쯤 퇴근할 것이냐고 묻는다. 왜냐고 되물으니 오늘은 옛날 산동네에서 살던 사람들끼리 모이는 친목일이라 거기에 가면 늦어질 것이니 저녁밥을 밖에서 해결하고 왔으면 좋겠다면서 내심 미안한 표정을 짓는다. 나는 그렇게 할 터이니 걱정말고 너무 늦지나 않도록 하라고 말하고 아파트 계단을 내려왔다.

한길가 버스 정류장에 와서 전철역으로 가는 셔틀버스를 기다리며 생각하니 특별히 늦게 퇴근할 약속은 없고 이럴 땐 빨리 와서 나 혼자 라면을 끓여 먹어야겠다는 생각이 들었다. 혼자 라면을 끓여 먹을 것을 생각하니 저절로 군침이 돌았다.

나는 라면을 퍽 좋아한다. 라면은 다른 사람이 먹는 것을 봐도 먹고 싶고 생각만 해도 먹고 싶다. 싱싱한 파를 듬성듬성

썰어놓고 계란도 넣고 신김치를 곁들여 푹 끓인 후 후후 불어가며 면을 건져 먹고 국물은 국물대로 마시면 세상에 그 이상 더 맛있는 음식이 없는 것 같다. 피곤하거나 입맛이 없을 때 그렇게 라면을 끓여 땀을 흘리면서 한 그릇 먹고나면 곧 회복이 되고 기분이 거나해진다.

라면은 20세기 인간이 만든 먹을거리 중에 최고의 걸작이라면 과장된 나만의 표현일까. 어쩌다가 그렇게 간단하면서 쉬운 조리법으로 최상의 맛을 낼 수 있는 대용식이자 간식거리를 만들 수 있었을까. 그것을 최초로 만든 사람이 고맙기 그지없다. 그런 라면을 나는 매일 점심이나 저녁 중 한 끼 정도는 먹어도 질리지 않을 것 같다. 매일이 안 되면 토요일이나 일요일 같은 날만 한 끼씩 먹어도 좋을 것 같다.

그러나 나는 그것을 마음대로 먹을 수 없어 불만이다. 집사람은 라면을 별로 좋아하지 않는다. 별로 좋아하지 않는 것이 아니라 아주 싫어한다고 말해도 과언이 아닐 것 같다. 내가 라면을 먹자고 하면 거의 반대다. 이유는 라면은 그 제조과정을 믿을 수 없으며 또한 가루음식으로 영양가도 부실할 뿐 아니라 많이 먹으면 골다공증이나 위하수체 등의 소화불량에 걸리기 쉽다는 이야기를 어디서 듣고 그것을 맹신하다시피하고 있다.

이런 아내의 주장이 얼마나 입증된 것인지는 모르나 한때 공업용 기름으로 튀겼다 하여 이른바 '유지파동'을 겪은 바도 있고 오랫동안 상복한 사람들이 그 피해를 말하기도 하여 위장 장애가 있는 사람들은 별로 좋아하지 않는 모양이다.

그러나 88올림픽 경기에서 메달리스트들은 피나는 연습을 하다가 기진맥진하거나 외롭고 쓸쓸할 때 라면을 끓여먹었다고 한다. 그러고 보면 그들은 라면을 먹고 그 힘으로 메달을 딴 것이나 다름이 없다.

그래서 나는 아내가 멀리 출타한 때나 외출하여 늦을 경우 기회는 이때다 하고 일부러 일찍 들어와 라면을 직접 끓여 먹을 때가 많다. 라면을 끓여 먹는 재미를 생각하면 아내가 자주 외출을 하거나 끼니 준비를 제대로 해놓지 않고 갔으면 싶을 때가 많다.

회사에서도 점심시간에 같이 식사할 손님이나 마땅한 일행이 없으면 간이식당에 가서 라면을 시켜 먹기도 한다. 그런데 왠지 그런 식당에서 먹는 라면은 집에서 끓여 먹는 것과는 그 맛이 딴판이다. 싸구려 라면을 써서 그런가, 조리법이 다른가, 또는 분위기 때문인지 집에서 끓여먹는 맛이 나지를 않는다.

라면의 종류는 다양하다. 맛에 따라서는 매운 라면, 그릇과 모양에 따라서는 컵라면, 사발면 등이 있고, 그 원료에 따라서는 밀가루로 만든 라면 외에 콩라면, 쌀라면, 첨가 부식으로는 김치, 해물, 버섯, 야채 등이 있으며 그 질과 종류는 시시각각 개발되고 다양해져 가고 있다.

라면의 역사는 중국과 일본에서 시작되었다. 중국에서는 밀가루에 소금, 달걀을 넣고 반죽을 하여 손으로 양쪽으로 늘이고 꼬면서 실타래를 만든 가락국수를 납면拉麵이라 했다. 일본의 경우는 1958년 닛산日淸 식품 창업자 안도 모모후쿠(安藤百福) 씨가 자택에서 치킨라면을 개발한 것이 최초라고 한다.

우리가 지금 먹는 라면은 그 시초를 일본에서 찾아볼 수 있는데 일본에서는 김, 어묵, 시금치 등을 첨가하여 국수로 만들어 먹다가 1958년에 간단히 조리하여 먹을 수 있는 인스턴트로 개발하였다고 한다.

이렇게 라면은 중국과 일본이 먼저 조리했으나 1963년부터 한국에서도 이를 조리하게 되었고 이제는 중국과 일본을 능가하여 세계적으로 한국라면이 시장을 석권하고 있다 한다. 라면에는 면도 중요하지만 거기에 첨가되는 스프가 맛의 관건인데 육류에서 영양소를 추출하여 건조 분쇄한 뒤 조미료와 향신료, 식염을 혼합하여 만든다고 한다.

이런 라면은 청소년들에게는 더욱 인기다. 자취생은 물론 시험 공부할 때나 운동할 때 또는 야외에 나갈 때 그들에게 최고의 메뉴는 라면이다. 맛도 있고 조리가 간편할 뿐 아니라 값이 저렴하기 때문인 것 같다. 성인들도 해외여행시나 비상식품으로서는 필수적이다. 한때 북풍의 위협이 몰아칠 때, 쌀 파동이 예고되었을 때 라면이 동이 났던 것은 우리의 기억에 생생하고 앞으로도 재난시 그 독점 매입은 얼마든지 되풀이 될 수 있는 일이다.

오늘도 나는 출타한 아내가 늦어진다는 말에 회심의 미소를 머금고 출근을 했다가 6시 정시에 퇴근을 하고 집으로 곧장 향했다. 예측 못했던 출판기념회가 있었으나 장소가 너무 멀어 참석을 포기하고 집으로 달렸다.

아내는 나의 라면 선호를 못마땅해 하면서도 긴히 찾을까봐 몇 봉지 정도는 항상 준비해 두는 것을 잊지 않고 있지만 행여 떨어졌을까봐 아파트 옆 슈퍼에 들러 라면을 한아름 사들고 들어갔다.

라면을 끓일 때 몇 가지 유의할 점이 있다. 한 봉지로는 양이 조금 모자라 반쪽을 더 놓고 김치를 곁들일 것이니 너무 짜면 안 된다. 스프를 다 넣지 말아야 하고, 파나 감자를 넣되 너무 많이 넣지 않고 계란은 두 개를 넣는데, 한 개는 끓기 전에 풀어서 넣고 한 개는 끓은 후에 풀어지지 않게 넣었다가 반숙된 것을 먼저 꺼내 먹는다. 거기에 호사를 더한다면 산낙지나 조개를 넣으면 그 맛은 일품이다.

물이 팔팔 끓은 후 라면을 넣고 2, 3분 끓이다가 스프를 넣고 또 끓이면 냄비 뚜껑을 밀고 폴폴 나오는 김과 함께 구수하고 향긋한 맛은 코끝으로부터 혀로 전달되어 저절로 군침이 돈다. 라면은 한 김이 나간 후 뜨거울 때 후후 불어가면서 먹어야 한다. 그래야 땀이 나고 혀와 입안이 얼얼하고 제 맛, 제 기분이 난다.

오늘의 라면은 퍽 오랜만에 먹는 것이라 더욱 맛이 있다. 그리고 나만이 갖는 오붓한 충만감은 비길 데가 없다. 아내가 이 기분을 알까 모를까. 안다면 늦게 오는 것을 그렇게 미안해 하지는 않을 것이다.

나는 라면뿐만 아니라 인스턴트 냉면도 좋아한다. 특히 도토리 냉면을 좋아하는데 냉면을 삶아 맑은 물이 나오도록 씻어 스프를 넣고 비벼 먹으면 그 또한 별미이다. 나 혼자 그 맛을 알고 먹기는 아까워 식구들과 같이 먹고 싶어 하루는 아들, 며느리, 딸 등 이웃에 사는 가족들을 다 모이게 하고 도토리 냉면을 정성껏 마련, 한 대접씩 대령했다. 그랬더니 맛있다고 하는 사람이 한 사람도 없어 나 혼자 실소를 하고 만 적도 있다.

나의 이런 라면 선호는 서민 취향을 버리지 못하는 나만의 치기일까. 어쨌든 나는 라면이야말로 20세기 인류가 만든 대용식이나 간식치고는 최고라고 생각하며 그를 애용하고 있다.

(1997)

낙엽에 대한 상념思念

가을이 깊어지자 온 산천이 단풍으로 불타고 있다. 물감을 섞어 흩뿌려 놓은 듯 오색찬란한 그 모습은 자연의 신비로움과 아름다움을 한껏 느끼게 한다. 그런 단풍을 즐기기 위해 설악산과 내장산을 비롯, 빛깔 고운 명산을 찾아 관광객이 줄을 잇고 TV와 매스컴들은 그 절경을 비추기에 앞을 다툰다.

단풍은 기온의 저하에 따라 나무의 수액이 메말라 일어나는 자연현상이라고 한다. 단순히 그런 과학적 이유보다는 의외의 깊은 신비로움과 의미를 준다.

나무는 계절마다 우리 인간에게 주는 빛깔과 몸짓 그리고 생동감이 다르다. 봄에는 어린아이와 같이 순진하고 깨끗한 새싹으로부터 소녀티를 갓 벗은 처녀 같은 신록을 자랑하고 여름에는 진한 녹음으로 시원한 그늘과 함께 왕성한 생의 의욕을 불러일으키며, 가을에는 형형색색으로 물든 단풍, 겨울에는 모든 잎들을 다 떨구어내고 나목이 되어 눈보라치는 한천에서 고독과 인고의 세월을 감내하느라 안간힘을 쓰고 있다.

이런 다양한 변신과 인간에게 주는 정감을 어찌 수액의 쇠잔에서 일어나는 현상이란 과학적 이치로만 해석해서 되겠는가.

나는 지난 10월 중순 경부고속도로를 달리는 기회를 가졌다. 부산에 급히 가면서 총망중에 미처 비행기표를 예매할 시간을 놓치고 승용차를 몰고 갈까 하다가 너무 먼 거리라 오히려 신경 쓰이고 거추장스러울 것 같아 고속버스를 이용키로 했다. 서울서 부산까지는 승차기간이 좀 길기는 해도 옛날 비행기나 승용차 사정이 여의치 않을 때 애용하던 추억을 되살릴 겸 용기를 내었다.

평일이라 버스표를 끊는데도 복잡하지 않고, 10분이 멀다하고 계속 차편이 이어지고 게다가 우등버스는 자리도 넓고 편하여 생각보다는 별로 불편함이 없었다.

버스가 도심을 벗어나고 톨게이트로 통과하자 차창 밖으로 전개되는 산천의 가을 풍경에 시선을 뗄 수가 없었다. 도로변의 산천이 예전과는 달리 무성함을 자랑하는 데다 명산 수목이 아닌 저들도 가을이면 나름대로 아름답게 옷을 갈아입을 줄 안다는 듯 그들 나무들이 색색으로 물들어 가을 풍경을 마음껏 보여주고 있었다. 굳이 단풍관광을 위해 명산을 별도로 찾지 않아도 좋을 것 같았다.

나는 단풍든 나무들을 사열이라도 하는 듯 계속 차창 밖을 주시하다가 어느덧 그들에 대한 사념의 깊은 계곡으로 빠져들고 있었다. 저렇게 찬란한 모습들도 얼마지 않아 낙엽이 되고 말 것을…. 낙엽에 대한 사색의 깃발을 하나씩 꽂아가고 있었다.

단풍은 낙엽을 전제로 한 종말의 변신이 아니라 그것은 완성의 미학이다. 다른 글에서 쓴 바도 있지만 그것은 봄의 새싹, 여름의 녹음을 통하여 자신의 성장을 도모하면서 인간에게 봉사할 대로 봉사하고 이제 마지막 장면을 연출하고 있는 것이다. 마치 예수님이 이 땅에 오셔서 자기 임무를 다하고 십자가에 매달려 숨을 거두기 직전 '다 이루었다.'고 선언하는 모습과 같다고나 할까.

그런가 하면 낙엽은 다음 생명의 탄생을 위한 양보의 미학이다. 한번 피었던 잎이 떨어지지 않고 계속 붙어 있으면 다음해 새봄을 맞아도 새싹을 틔우지 못한다. 일단 피어서 한 생을 살며 분량껏 성장하고 다음 세대를 이어주는 동시에 우리 인간들에게 봉사하느라고 비바람과 먼지에 더러워진 이파리 대신 싱싱한 새 녹음을 보여주기 위한 양보의 배려는 고맙기 그지없다.

또한 낙엽은 희생과 헌신의 미학이다. 낙엽은 땅에 떨어져 부셔지고 다져져서 부토가 되고 그 부토는 자신을 탄생시킨 몸체에 자양분이 될 뿐 아니라 여기 저기 흩어져 다른 식물들의 영양이 되어 한결 싱싱한 성장을 갖게 하는 것이다.

'한 알의 밀알이 땅에 떨어져 죽지 않으면 한 알 그대로 있고 죽으면 많은 열매를 맺나니….' 오늘의 무성한 숲은 어제의 낙엽이 주는 희생에 의해 조성된 것이다.

낙엽이 다 지고 홀로 한천에 서서 눈바람과 싸우는 나목, 그것은 또 무엇인가. 그것은 고독과 인고의 미학이다.

날씨가 추우면 추울수록 꽁꽁 껍질을 두껍게 싸고 바람에 흔들리며 휴우 휴우 소리를 내고 있는 겨울 나무들을 보면 걱정과 동정이 가다가도 그들의 용기와 투쟁과 인고의 의지에 머리가 숙여진다.

겨울이 추울수록 봄은 따뜻하고 새싹은 튼튼한 것이다. 오늘의 인고가 매우면 매울수록 새봄을 맞는 환희는 클 것이다. 고난과 고통은 즐거움과 기쁨의 어머니가 아닌가.

또한 낙엽이 길가에 떨어져 밟힐 대로 밟혀 줄기만 앙상히 남은 잔해를 나는 잊지 못한다. 그것은 포구에 버려진 폐선과 같고 한 세기를 풍미하다 돌아간 어느 부호의 폐가와도 같다.

나는 어쩌다 산이나 길에서 낙엽의 잔해를 밟으면 그들이 누렸던 지난날의 영화를 생각하며 인간의 잔해 그것을 생각해 본다. 인간의 잔해는 영욕과 추억의 잔재인 동시에 허무 그것인지도 모른다.

일찍이 나무의 환희를 노래한 시인은 나무를 일러 '훌륭한 견인자요, 고독의 철인이요, 안분지족의 현인'이라고 예찬했다.

나무가 그렇게 훌륭한 것은 녹음과 단풍과 낙엽, 그리고 나목을 번갈아 가면서 보여주기 때문이다. 그 중에도 낙엽의 희생과 양보의 미학은 우리 인간들에게 옷깃을 여미게 한다.

나의 인생도 이제 가을에 접어들었다. 나무들은 죽음을 앞두고 아름다운 몸짓으로 마지막 연출을 하지만 인간의 모습은 볼품이 없어간다. 엉성하게 나풀거리는 백발, 거칠고 골 파인 얼굴, 희미한 눈빛, 비틀거리는 걸음걸이….

게다가 완성이나 희생과 양보 같은 것은 내세울 것이 없다.

용기 있는 사람들은 인간을 위해 많은 업적을 남기고 젊어서는 헌혈, 죽어서는 안구나 시신도 기증 하지만 나는 아직 그런 용기를 갖지 못하고 있다.

단풍은 아름다움과 그 불타는 정열로 나의 얼굴을 붉게 만들더니 점점 무덕無德과 무헌無獻뿐인 나의 얼굴을 부끄러움으로 물들인다. 단풍을 보고 잠시나마 즐거움을 가졌으니 고진감래苦盡甘來는 당연한 것인가. 나목들이 눈비와 칼바람 속에서 엄동을 잘 이겨내고 새봄 다시 활짝 웃는 얼굴을 보여주기를 바라는 마음 간절하다.

(1999)

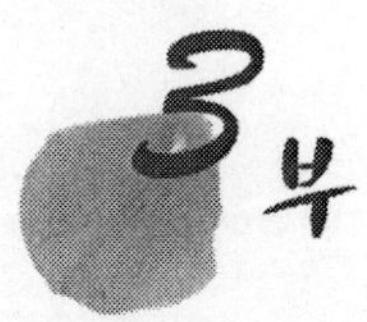
3부

움직이는 고향

명절은 고향이다. 고향은 교통의 대란이다. 명절에는 고향에 가야 하고 고향에 가려면 교통의 고통을 겪어야만 하는 것이다.

올 추석에도 서울을 빠져나간 차량이 70만 대, 연인원 2천 5백여 명의 귀향객이 고향을 찾아 오갔다는 보도이다.

이른바 민족의 대이동. 고속도로는 주차장을 방불케 했고 매스컴들은 이를 보도하느라고 하늘에는 비행기, 땅에서는 자동차, 바다에는 선박에다 보도장비를 싣고 동분서주 신나게 라이트를 비추고 마이크를 불어댔다.

밀물처럼 밀려오고 밀려가는 휘황찬란한 불빛이 명멸하는 차량의 행렬은 가히 장관이었다. 장시간 섰다 가다를 반복하는 기다림과 고통의 인내를 생각하면 지옥으로까지 비유되지만 식구끼리 차안에서, 또는 휴게소에서 즐거운 대화를 나누며 라면도 먹고 송편도 먹고 뜨거운 커피에 달아오른 열정을 달래는 재미와 멋을 생각하면 어서 달려가 그 대열에 끼고 싶다. 또 고향에 다다라 부모 형제 앞에 정성껏 마련한 선물을 내놓고 밤새껏 객수를 늘어놓기도 하고, 추석날 아침 경건한 마음으로 차례를 지내는 보람을 생각하면 그 찬란한 불빛은 보람의 불꽃이요, 그 기다림의 고통은 즐거움의 어머니다.

고향에는 어릴 때 친구들과 뛰놀던 산이 있고 강이 있고 언덕이 있는가 하면 앞동산과 뒷산에는 청 태낀 조상들의 묘비가 서 있다. 지금은 근대화의 물결에 사라진 지 오래지만 발길과 눈길에 익은 골목이 있고 돌담의 환영이 있다. 온 식구가 모여 가난을 먹고 마시던 오막살이의 고향집이 그립다. 그곳을 생각만 해도 좋은 것은 다름 아니다. 근본적인 것은 나를 낳아준 부모님이 있고 나의 생명을 세상에 내보낸 탯줄이 거기에 묻혀 있기 때문이다. 그 탯줄은 나를 항상 끌어당기고 있어 평상시에도 고향이 그립고 명절엔 그것이 절정에 이른다.

그것은 마치 남녀가 본래의 자기 반쪽을 찾아 서로 끌어당기는 이치와도 같다고 할까. 좋아도 나빠도 가난해도 허물어져도 그것은 나의 분신이기에 고향은 나의 영원한 그리움이요, 소망이 된다.

고향을 찾는 것은 성공한 사람보다 실패한 사람에게 더 절실하다. 국회의원이 되고 장관이 되고, 또 많은 돈을 벌어 이른바 금의환향하는 것도 좋지만 그것은 잘못하면 자기 현시와 목고개에 힘이 들기 쉽다. 그 대신 실패와 좌절 속에 찾은 귀향자는 그곳이 최후의 피난처요, 안식처이기에 그 자세가 순수하고 겸손할 수밖에 없다.

고향이 없는 사람들, 고향을 북에 두고 온 사람들이나 부득이한 사정으로 명절에도 고향에 가지 못하는 사람들은 귀성객들의 모습이 얼마나 부러울까? 아무리 밀리고 괴롭고 고되더라도 그 대열에 한번 끼여 봤으면, 부럽다 못해 서러움이 눈앞을 가릴 것이다.

어느 여중생은 고향이 있어도 서울이라 명절이 되면 전개되는 귀향의 북새통이 부러워 고생을 해도 좋으니 시골 친척집이나, 아니면 어디 낯선 곳이라도 떠났다 돌아오자고 부모들을 졸라댄다고 했다. 귀향 불빛에 매료된 귀여운 성화가 아닌가.

나는 최근에 와서 명절에 고향을 가지 않는다. 아버지는 일찍 돌아가시고 팔순을 넘긴 어머니가 시골에 계시다가 몇 년 전부터 나의 집에 와 계시기 때문에 명절에 꼭 고향에 갈 필요가 없게 되었다.

고향엔 형제들이 있지만 내가 장남인데다 어머니를 모시고 있으니 동생들이 고향과 다른 객지에서 나의 집으로 모여들게 되었다. 어머니가 시골에 계실 때는 설, 추석에 꼭꼭 간 것은 아니지만 그래도 별로 빠지지 않고 다녔다.

나의 고향은 반도 최남단, 근대화의 불길이 날마다 치솟고 있는 광양만 건너편의 하동 땅 조그마한 농어촌이다. 옛날엔 삶을 위해 바삐 뛰다가 미리 표를 구하지 못한 나머지 완행열차의 입석표를 사서 10여 시간을 서 있거나, 아니면 세면대 밑이나 복도에 신문지를 깔고 아내와 함께 쭈그리고 앉아 새우잠을 자면서 가기도 했고 어떤 때는 고속버스를 탔으나 직접 고향 마을까지 가지 않아 몇 번이나 완행버스를 갈아타고 밤중에 들어가기도 했다.

그러다가 마이카 시대를 맞아 자가용 승용차를 타고 갔다. 고속도로에서 차량에 밀려 밤을 새우고 마을길에서 새벽을 맞았지만 그때는 제법 신이 났다. 자가용을 자랑도 하고 싶었고 가다가 휴게소나 적당한 곳에 마음대로 세워놓고 맛있는 것을 사먹고 좋은 경치를 감상하는 재미에 고된 줄을 몰랐다.

그 다음은 비행기를 타게 되었다. 비행기를 타면 진주공항까지 50분. 거기서는 시골 동생이 마중나온 승용차를 타면 모두 1시간 조금 걸려 고향집 앞 들길에 접어들게 된다.

완행열차에서 고속버스 그리고 자가용 승용차, 또 거기서 비행기…. 이것은 나의 귀향길의 발전 단계인 동시에 우리나라 교통수단의 발전사이기도 하다.

그러다가 어머니가 우리 집으로 오신 이후 그런 번거로움을 겪지 않아도 되었다. 어머니는 움직이는 고향이었다. 어머니가 계시는 곳이면 어디든 찾아가서 명절을 쇠게 되니 어머니만 모시면 고향을 차지하는 것이다. 만약 어머니가 다른 형제간이 사는 객지에 가 계시면 우리 형제들은 그곳으로 모일 것이다. 그러니 어머니는 바로 고향이시다. 그 대신 아버지나 어머니가 안 계시는 고향은 고향이 아니다. 아주 고향이 없는 것보다는 낫겠지만 별로 가기도 싫어지고 그 정답던 추억의 산천도 시들해지게 마련이다.

고향도 없고 어머니도 없는 사람은 명절이 되어도 즐겁지 않을 것이다. 그저 명절이구나, 구경이나 하자는 식으로 시간만 넘기는 것이 고작일 것이다. 어머니도 안 계시고 고향도 없는 사람은 고향을 만드는 수밖에 없다. 꿩 대신 닭이다. 고향의 정을 느낄 수 있는 매체를 만들 수밖에 없다.

어떤 친구는 산곡과 강이 어우러진 산비탈에다 밭을 만들고 거기에 푸성귀를 심어놓고 고향 생각이 나면 그곳에 가서 시름을 푼다고 했다. 남새밭, 그곳이 바로 고향인 것이다.

어떤 후배는 울타리에다 호박과 수세미와 오이 그리고 콩을 심어 줄줄이 녹색 장원을 만들어 놓고 그곳을 고향이라고 했다.

어떤 친구는 먼 친척이 사는 시골을 고향으로 정하고 명절이면 식구들을 데리고 그곳으로 가서 밤을 새우고 오곤 한다.

산천이나 논밭 같은 시골 풍경이나 흙을 만지며 농사를 짓는 것으로 고향의 정을 느끼는 것, 그것은 고향만은 못한 아쉽기 그지없는 짓이지만 그런대로 잠깐이나마 실향의 한을 달래는, 또는 고향이 있어도 찾지 못하는 망향의 수심을 달래는 차선책은 될 것이다.

자연에서 고향의 한을 달랠 것만 아니다. 어머니를 만들면 될 것이다. 가난하지만 순박하고 어질게 사는 시골의 한 아주머니나 할머니를 대모로 삼아도 될 것이다. 아니면 시골의 한 고아원이나 양로원을 고향으로 삼고 명절마다 그곳을 다녀오면 더욱 값질 것이다.

더욱이 금년 같은 경우는 게릴라성 폭우 때문에 집과 농토를 잃은 사람들이 아직도 그 복구의 손길이 모자라고, 특히 '예니'라는 태풍에 다 지어놓은 농사가 엉망이 되어 군경과 학생들 할 것 없이 쓰러진 벼를 세우기에 날마다 구슬땀을 흘리고 있는데 그런 곳에 가서 농민들과 함께 땀을 흘리며 벼를 일으키고 허물어진 길을 고치는 일에 참여한다면 얼마나 보람되고 값진 일이겠는가.

그런데 나는 이번 추석에 고향을 잃었다. 추석에 다니러 온 여동생이 어머니를 모시고 간 것이다. 어머니는 한곳에 오래 있으니 싫증이 나고 동생도 이제 저들이 어머니를 모시고 싶다고 하여 그렇게 된 것이다. 그러나 나로서는 어머니를 잃은 것이다. 아니 고향을 잃은 것이다. 다가오는 명절에는 어머니가 계시는 여동생 집으로 가야 한다.

공항에서 어머니를 전송하는 마음은 허전하기 그지없었으나 오는 설날에는 어머니를 뵈러 지방으로 갈 것을 생각하니 벌써부터 가슴이 설렌다. 어머니를 모시고 가는 동생은 의기양양하여 설에는 물론이고 설밑에 있는 어머니 생신에는 자기

집으로 모여야 할 것이라고 말했는데 그 말에는 기쁨이 들어 있었다.

움직이는 고향 어머니. 나는 그 어머니를 따라 내년에 고속도로에서 실컷 고생을 해보고 싶다. 어머니가 돌아가시면 아무리 하고 싶어도 무위한 일이기에.

우리의 명절은 교통대란의 대명사다. 그래도 즐겁기만 하다. 외국인들도 부러워하는 우리 민족의 대이동. 이 자랑스런 엑소더스에 우리의 정은 깊어만 간다.

(2000)

아파트의 풍경 소리

내게는 자그마한 풍경이 하나 있다. 지난여름 수필문학 세미나를 무주리조트에서 개최하고 돌아오는 길에 적상산 안국사에서 산 것이다.

세미나 이튿날 돌아오는 길에 덕유산과 적상산에 올랐다.

덕유산은 정상인 향적봉을 정점으로 영호남을 가르는 이름난 고산이라 겹겹이 아래로 펼쳐지는 산세가 가슴을 활짝 열게 했고 적상산赤裳山은 그에 연달은 고봉으로 붉은 치마를 입은 산이라는 이름만 들어도 그 모습이 아름답고 시정이 어렸다. 그러나 한여름이라 단풍 대신 푸른 숲으로 꽉 짜여 손으로 움켜쥐기만 해도 초록물이 불끈 솟아날 것 같은 짙푸른 치마를 두르고 있는데 버스로 구절양장 꼬불길을 돌고 돌아 오르는 기분은 꼭 그 푸른 치마폭에 휘감기는 기분이었다.

푸름에 취하여 숨도 크게 쉬지 못하고 1,034미터 정상까지 잘 포장된 버스길을 낸 역사役事에 놀라며 여러 모양의 절벽과 바위와 폭포 그리고 정상 8부 지점에 있는 댐과 호수에 눈길을 빼앗기고 있는 순간 버스는 어느덧 안국사 주차장에 도착했다.

안국사는 조선초 무학대사가 창건했고 광해 6년 사고史庫를 짓고 그것을 지키는 승병들의 숙소로 쓰였는데 당초는 호수 자리에 있었으나 호수 공사로 거기서 조금 떨어진 정상으로 옮겼다고 한다.

버스에서 내려 숨을 헐떡이며 안국사 경내에 발을 들여놓으니 바로 눈앞에 우물이 눈을 끈다. 1천 미터 이상의 고산 정상 바위 틈에서 샘물이 솟는다는 것에 또 한번 놀라며 우선 마른 목부터 축이기 위해 두레박을 당겼다. 꿀떡꿀떡 물을 마시니 어쩌면 그렇게 시원한가.

시원한 물과 때마침 불어오는 바람을 마시며 한동안 숨을 고르고 나서 계단을 오르니 오른쪽에는 불당이 있고 왼쪽에는 불교박물관이 있다. 나는 법당을 한 번 둘러보고 박물관으로 가서 구경을 했다. 박물관이라 해야 이름뿐, 세계 여러 나라의 불상 모조품들이 몇 가지 전시되어 있고 보통 절에서 볼 수 있는 불구佛具들이 좁은 자리를 채우고 있었다. 그런데 여러 나라 불상 중에 유독 수염이 난 불상이 있었다. 그것이 우리나라 것이라는 데 놀랐고 또 남방 어느 나라의 불상은 남녀가 마주 붙어 사랑을 하는 모습을 적나라하게 나타내고 있었다.

그리고 구리로 만든 동자승이 하나 있었다. 나는 그 앞에서 발걸음을 옮기지 못하고 한동안 서 있었다. 나이를 따지면 11살쯤 되었을까 한 동자가 왼팔에 장삼을 걸치고 먼 산을 바라보고 있는데 그 인상이 찡그린 듯 웃는 듯, 아니면 무엇을 찾는 듯 무심한 듯 허공을 주시하고 있었다. 나는 그 모습이 어떻게나 애련하게 보이는지 안타까움을 금할 수 없었다. 어쩌다가 부모형제 다 버리고 어린 나이에 불가에 귀의하여 세상의 온갖 슬픔을 장삼에 담아 걸치고 저렇게 고뇌하고 있는가. 어쩌면 그것은 세상 죄를 홀로 지고 가는 어린 양 예수그리스도를 연상케도 했다.

그가 애련하게 보이는 것은 고차원의 정신세계를 체험하지 못하고 속세의 찌든 때를 벗지 못한 값싼 나의 동정이었을까? 안타깝고 애달파 보고보고 또 보고 있었다.

그런데 그 동자승에 대한 상념으로 발을 떼지 못하고 있을 때 어디서 한줄기 청량한 풍경 소리가 들려왔다. 그 풍경 소리는 바로 법당 건너편 추녀 끝에 달린 풍경이 한줄기 산자락을 훑고 가는 바람에 흔들리는 소리였다. 어쩌면 그렇게 내 머리속을 상쾌하게 밝혀주는가. 쨍그렁 땡그렁~. 경쾌하고 청량하고 맑고 깨끗한 한줄기 가냘픈 여운의 금속성, 다른 산사에서는 들어보지 못한 특이한 그 소리는 금방 나의 뇌리에 가득한 번뇌를 가시게 하는 것 같았다.

나는 멍하니 그 소리를 내는 풍경의 흔들림, 붕어 모양의

놋조각 흔들림을 지켜보다가 법당을 내려오려는데 한쪽 코너에 불구를 파는 상점이 있었다. 당장 그리로 가서 보니 큰 것과 작은 것 두 종류의 풍경이 있었다. 흔들어보니 역시 조금 전에 들은 그 청아한 소리가 났다.

그것을 사다가 나의 아파트에 걸어도 같은 소리가 날까, 큰 것을 살까, 작은 것을 살까, 망설이고 있는데 안산의 한 회원이 내게 다가오더니 "선생님, 뭘 그렇게 열심히 생각하고 계셔요?" 하는 것이었다. 나는 그 풍경 소리의 특이함을 설명하고 그것을 하나 살까 생각 중이라고 했더니 "그러면 제가 세미나 기념으로 하나 사드리지요." 하면서 큰 것을 들어 점원에게 싸달라고 한다. 나는 깜짝 놀라며 사양을 연발했으나 소용이 없었다. 꼭 그렇다면 큰 것보다 작은 것이 소리가 더 정갈하다고 하여 작은 것을 골랐다.

퍽 고맙고 기분이 좋았다. 적상산의 아름다운 시적 풍광과 안국사 그리고 그 박물관을 다 가진 기분이었다. 그 회원에게 거듭 고마움을 하고 집에 가서 즉시 식구들에게 자랑을 하고 소리가 잘 나는 데 걸어야지 회심의 미소를 지으며 버스에 올랐다.

집에 와서 큰 보물이라도 얻은 양 일장 기염을 토하고 어디다가 달아야 소리가 잘 날까, 우선 바람이 붕어를 흔들어 종을 세게 때릴 수 있는 장소라야 할 것인데 아파트에 그런 곳이 마땅치 않았다.

생각하던 끝에 출입문 안쪽 위에 매달았다. 그리고 문을 여닫아 봤더니 소리가 나지 않았다. 흔들림이 약해서였다. 다시 줄을 길게 늘어뜨려 매달았더니 문을 여닫을 때마다 소리가 났다.

그러나 적상산 정상 산사에서 듣던 그 풍경 소리가 아니었다. 둔탁하고 단조롭기만 할 뿐 은근히 속을 씻어내고 흔들어주는 청량한 소리가 아니었다. 당초 아파트에서 제 소리가 나기를 바란 것이 잘못이었다. 맑고 깨끗한 높은 산곡을 누비고 온갖 초목을 만나 속진을 다 털어버린 청량한 산정의 바람을 맞아야 그 소리가 나는 것이지 아무렇게나 몸체를 두드리기만 하면 되는 것이 아니었다. 더욱이 절간의 풍경이란 경세警世의 의미를 지닌 불구로 수행자의 방일放逸이나 나태함을 깨우치기 위한 것이 아닌가.

뭇 인간의 이기와 영욕이 득실거리는 아파트의 바람, 게다가 그 주인인 나까지 영육간 더러워져 있는데…. 남국의 파초가 이 땅에 와서 아무리 정성을 들여도 제대로 꿈을 펴지 못하는 것처럼 나의 그 풍경은 좀처럼 제 소리를 내어주지 않는다. 오히려 이사를 잘못 와서 속으로 눈물 짓고 있는지도 모른다.

아파트와 풍경, 아무래도 어울리지 않는 만남이다. 그 풍경을 위하여 단독주택으로 이사를 가기도 쉬운 일이 아니고 그냥 내버려둘 수도 없고 겉맛에 홀려 그것을 소유하는 데만 욕심을 부린 나의 고민이 이만저만한 게 아니다.

(2002)

밑 빠진 독에 물 붓기

며칠 전에 영화 〈달마야 놀자〉를 관람했다. 스님들이 관람하고 긍정적인 반응을 보였다는 보도를 보고 지나친 폭력이나 부도덕한 내용은 아닌 것 같아서 나도 퇴근길에 규모는 작아도 신작만 개봉하는 변두리 극장에 가서 보았다.

내용인즉 세력 다툼에 밀린 깡패들이 절간으로 피신을 하여 억지 신세를 지는데 스님들이 그들을 내보내려 하나 그에 불응, 마침내 스님들과 내기를 하여 그들이 지면 나가기로 한다. 3천배 하기, 고스톱, 계곡물에 잠수하기, 369게임을 했으나 승부가 나지 않았다. 이때 마지막으로 큰스님이 밑 빠진 독에 물을 채우기를 선문답처럼 던진다.

양 팀이 각각 밑이 깨어진 독에 열심히 물을 퍼다 붓다가 승패가 날 수 없게 되자 깡패들이 독을 연못에 던짐으로써 승리를 하게 되고 따라서 그들은 절에 남게 되었다.

그러나 그들은 실수를 거듭하고 그래도 큰스님은 그들을 용납한다. 마침내 깡패들은 그런 큰스님의 배려와 아량에 무너진다. 두목은 큰스님에게 그 이유가 무엇이냐고 묻는다.

큰스님은 일당들이 밑 빠진 독을 연못에 던져 물을 가득 채운 것처럼 나도 밑 빠진 너희들을 내 마음의 연못에 던졌을 뿐이라고 대답한다. 그에 감동한 깡패들은 개심하게 되고 자신들을 배신한 패거리들이 찾아와 격투가 벌어졌을 때 스님들도 그들과 합세하여 상대를 물리친다.

위트와 풍자가 있고 박진감과 스릴이 있는 장면 장면에다 큰스님의 말씀이 감동적이었다. 세상에는 밑 빠진 독이 많다. 비행과 탈선의 청소년, 무법의 폭력배, 불륜의 남과 여, 실직과 실패로 허탈에 빠진 가장들…. 그러나 그들을 자신의 마음의 바다에 빠뜨려 용서와 사랑을 가득 채워 줄 큰스님은 몇이나 될까.

전철을 타면 매일이다시피 구걸하는 사람들을 한두 사람 만나게 된다. 그들은 거의 맹인이고 노동을 할 수 없는 불구자도 있고 구걸은 아니라도 간단한 생활용품을 파는 사람도 있다.

맹인이나 불구자들을 보면 안타깝기 그지없다. 한겨울인데도 얇고 남루한 옷을 입고 낡은 녹음기에 찬송가를 틀어놓고 한 손에는 작은 소쿠리, 한 손은 지팡이를 잡고 앞을 더듬으며 지나가는 모습은 애처롭기 한이 없다.

그들에게 돈을 주는 사람은 많지 않다. 열차 한 칸에 2, 3명, 어떤 때는 한 사람도 없어 그냥 지나가기도 한다. 그들에게 적선을 하는 사람들은 돈도 별로 없어 보이는 할머니나 수수한 차림의 사람들이다.

나는 그들이 내 앞을 지나가면 될 수 있는 한 그냥 보내지 않으려고 노력한다. 대개 천원 짜리 한 장을 꺼내 주고 때로는 5백원 짜리 동전 하나를 주기도 한다.

어떤 때는 잔돈이 없거나 미처 돈을 꺼내기 전에 지나가버려 주지 못할 때도 있는데 그럴 경우 그 맹인은 받을 복이 없나 보다 하고 책임을 상대에게 돌리기도 한다. 그래도 마음이 아프다. 대신 얼마라도 주었을 때는 기분이 좋다. 그 기분은 5백원이나 천 원의 가치보다 훨씬 큰 것이다.

예수님은 '지극히 작은 자 하나에게 한 것이 내게 한 것'이라고 했다. '지극히 작은 자'는 가난하고 병들고 외로운 사람들이다. 예수님이 그들 구걸자의 모습으로 우리 앞을 지나간다면 어떻게 할까. 온갖 정성을 다하여 환대하고 또 복을 빌고 야단법석을 떨 것이다.

그들을 환대하면 예수님을 환대한 것이고 그들을 홀대하면 예수님을 홀대한 것이다. 그런데 사람들은 예수님 만나기를 원하면서 보이는 예수님만 찾지 보이지 않는 지극히 작은 자 예수님은 도외시한다.

차 칸에는 기독교인도 많이 있을 터인데 이름을 내는 교회의 헌금은 많이 내면서 어려운 사람들에게 적선하는 것은 인색하다. 언젠가 신문에서 전철 안에 구걸자가 많은데 그들은 승객들의 유쾌한 여행에 방해가 된다면서 왜 단속을 않느냐고 불만을 터트린 기사를 본 적이 있다. 물론 전철 안이 구걸장소나 장사꾼이 설치는 장소가 되고 방치해서는 안 되겠지만 그들이 그곳에 나온 이유를 생각하면 그것은 우리 모두의 책임인 것이다.

그들은 세상을 살면서 어렵고 힘든 일에 부딪혀 상처를 받고 밑이 깨진 사람들이다. 밑 빠진 독에 물을 아무리 부어 봤자 차지 않는다. 깨어진 독을 수선하기 전에는 소용이 없는 것이다. 그들을 내 마음의 연못에 빠트려 사랑을 채울 수밖에 없는 것이다.

나를 비롯하여 손님들이 던져주는 돈으로 그들이 팔자를 고치고 가난을 모면하리라고는 믿지 않는다. 그들이 그 이후에 어떻게 되든 내가 책임까지 질 일은 아니다. 다만 내가 할 도리만 하면 되는 것이다. 탈선한 청소년, 생사를 가리지 않는 폭력배, 남녀의 불륜과 가정파괴자 그들에게도 마찬가지다.

그들을 치료하고 구하는 첩경은 거창한 건물과 재정, 심오한 설법과 구호, 그 이전에 그들을 우리 모두의 사랑의 연못에 빠트리는 길이 우선되어야 할 것 같다.

며칠 전에는 부모님이 빚 내어준 등록금을 갚기 위해 방학 중에 붕어빵 장사를 하던 청년이 7만 원짜리 배터리를 살 돈이 없어 아파트 전원을 이용하다가 적발되었는데 사용한 전기료 520원 때문에 고발되어 경찰을 거쳐 검찰에까지 넘어갔다는 기사를 본 적이 있다.

그 또한 법을 떠나 우리의 따뜻한 마음바다에 빠트리지 못했다는 생각에 가슴이 아프다. 그것을 정당화하는 것은 아니지만 등록금으로 얻은 빚을 갚기 위해 방학에도 놀지 않고 일하는 그 마음을 높이 평가하여 우리의 마음바다에 던져 안타까운 가슴을 채워 줄 수는 없었을까.

(2001)

나목裸木들의 인고忍苦를 보며

나의 출근길은 복잡하면서도 재미있다.

아파트 방문을 열고 2층 계단을 내려와 방범을 위해 최근에 설치한 첨단장치의 현관문이 센서의 파란 불빛을 발하며 저절로 열리기가 바쁘게 밖으로 나오면 왕복 4차선 도로인 한길에 나선다.

아파트 사람들의 왕래가 빈번한 4차선 도로에 횡단보도가 설치되지 않은 것을 속으로 불평하며 한길을 조심스럽고 재빠르게 건너면 마을버스 정류장이 있다. 거기서 버스를 타고 두 정거장만 가면 전철을 탈 수 있으나 전철을 외면하고 버스를 타기 위해 2, 3분 거리의 작은 공원을 가로질러 걷는다.

그 공원은 아파트 사이 교회당 옆에 있는 어린이 놀이터를 겸한 작은 쉼터이다. 모래밭에 몇 개의 시소와 그네가 설치되어 있고 그 옆에 농구골대가 버티고 있으며 가장자리는 잔디밭 동산이 조성되어 있다.

많은 돈을 들이지 않고 요란스럽게 꾸미지 않은 소박한 분위기는 마치 고향의 동산이나 마을 어귀 같아 정답다.

그곳을 가로질러 지나게 되면 계절 따라 변하는 자연의 신선함을 맛볼 수 있고 아이들의 떠드는 소리와 노인들이 벤치에 한가로이 앉아 있는 모습을 볼 수 있어 좋다.

더욱이 요즘 같은 겨울철에는 나목들이 치르고 있는 치열한 인고를 만난다.

겨울나무는 불을 지르면 금방 불이 붙어 활활 타버릴 것같이 메말라 생명의 기운이라곤 좀처럼 찾아볼 수 없다. 눈이 오나 비가 오나 그대로 맞고 서서 자의가 아닌 매서운 찬바람에 의해 가지들만 움직일 뿐이다.

함박눈이 쏟아진 아침이면 눈을 뒤집어쓰고 있는 나무들의 모습은 장관이다. 활짝 핀 하얀 꽃송이들이 주렁주렁 매달려 있는 것도 같고 하얀 너울을 둘러쓰고 기도하는 성모 마리아와도 같이 신비로움과 성스러움을 준다.

겨울은 나무들이 살아 있어도 죽어 있는 계절이다. 그 고통이 여간 힘겨운 것이 아니다.

그들은 겨울에 죽어 있어야 새봄을 맞아 다시 소생할 수 있다. 죽음의 시간이 없으면 소생이란 있을 수 없다. 인내와 포기와 양보가 없으면 소유와 영광을 얻을 수 없다. 아무리 철학자와 같이 항상 홀로 서서 사색하고 구도자처럼 하늘을 향하고 시인처럼 순수한 마음, 장군처럼 늠름한 모습이라도 겨울의 죽음을 갖지 못하면 생명을 얻을 수 없다. 겨울의 그 잔인한 인고의 고통을 이기지 못하면 견인주의자도 안분지족의 성자도 될 수 없다.

공원의 나무들은 그런 죽음의 고통을 잘 감내하고 있는 것 같다. 나는 그런 나무들의 인고를 보며 내게 닥치는 삶의 지독한 어려움을 이겨내는 힘을 얻는다. 순간순간 삶의 역경과 고난이 닥칠지라도 그것을 이기고 나면 소생의 기쁨을 가질 수 있다는 믿음을 얻는다.

그리하여 인고를 겪고 있는 나무들을 위하여 전철 타는 것을 버리고 공원을 걸어가며 경의롭고 따뜻한 위로의 시선을 보낸다.

나무들이 그런 나의 뜻을 알아주지 않을지라도 그런 마음으로 걸어가는 기분은 상쾌하기 그지없다.

공원을 지나 조금 걸어가면 또다시 아파트 앞의 길보다 큰 한길을 만나고 거기에 설치된 횡단보도를 건너서 버스정류장을 만난다.

나는 그 정류장에서 서울행 좌석버스를 탄다. 좌석버스는 항상 나의 자리를 비워놓고 있다. 많은 사람들이 서서 붐비는 전철에 비하면 자가용을 타는 기분이다.

비어 있는 자리에 편안히 앉아 창밖의 가로수와 들판에서 생명들의 보온을 지켜주고 있는 비닐하우스들과 먼 산에 무리 지어 있는 나목들과 꼬리를 물고 달리는 자동차들을 내다보고 있으면 출근을 한다기보다 도심을 향하여 관광여행을 떠나는 기분이다.

더욱이 도로변 양쪽에 쭉 늘어선 겨울 가로수들을 바라보면 고난을 체험하는 병사들의 행렬 같아 나목의 인고를 더욱 실감케 된다.

나의 출근길에 이렇게 작은 공원의 메마른 나목들의 인고나 가로수의 행렬이 없다면 가까운 전철을 버리고 횡단보도를 두 군데나 건너고 좌석버스를 타는 일은 번거롭고 귀찮기만 할 것이다.

이제 대한을 지나고 비까지 내렸으니 나무들의 인고가 풀릴 때도 되었다. 머지않아 나뭇가지에 흰빛이 감돌면 나는 그들 가지를 끌어안고 입맞춤을 할 것이다. 이어서 새움을 틔우는 날 가슴 활짝 펴고 하늘을 향해 환성을 지를 것이다. 인고를 이긴 축하의 눈길을 힘차게 보낼 것이다. 메마른 가로수들에게도 뜨거운 박수를 보낼 것이다.

나도 그들과 함께 긴 겨울을 무사히 넘긴 기쁨에 잠길 것이다.

(2007. 12)

손녀와 모국어

지난 음력 설 연휴 3일 동안 나는 아내와 함께 일본 나고야를 다녀왔다. 그곳엔 큰아이가 살고 있다. 큰아이가 지난해 3월에 동경서 조금 떨어진 추쿠바 대학에서 박사과정을 마치고 나고야 N대학에 전임교수로 임용되어 학교 관사에서 살고 있는데 그간 한번도 가보지 못했기에 이번 설 연휴를 이용해서 가보기로 한 것이다.

아들은 고학을 하다시피 하여 박사를 따고 국내서도 하늘의 별 따기로 비유되는 대학교수직을 낯설고 물서른 이국에서 얻은 데다 운 좋게 관사까지 당첨이 되어 새로 살림을 차리고는 부모가 한번도 안 와본다고 전화를 할 때마다 불평이었다. 심지어 저의 엄마에게는 저의 아버지 어머니는 친부모가 아닌 것 같다고까지 농담을 했다는 것이다.

다른 한국인 동료유학생 부모들은 공부중에도 수차례 다녀가고 올 때마다 라면이며 김치 같은 선물을 가져와 받아먹기만 했는데 이젠 그런 것을 받기가 부끄럽다는 말도 덧붙였다는 것이다.

사실 생각해 보면 우리 부부는 그런 말을 들어도 마땅하다고 생각되었다. 국내에서 유치원 졸업만 해도 부모 형제 친척들까지 동원되고 석 · 박사 학위 수여식 땐 온 집안이 떠들썩한데, 그동안 아들 부부가 합심하여 고학으로 남달리 오늘의 성공적 진출을 했는데도 한번도 가보지 않았다는 것은 아무리 부모자식지간이지만 부끄럽고 미안한 생각이 든다.

물론 저들이 방학 때 왔다 갈 땐 밑반찬이며 김치나 고기 등 살림에 필요한 것을 챙겨보내기도 했지만 그곳에 직접 가서 저희들 사는 것을 봐주는 것만 못한 모양이었다.

이번에 꼭 아들에게 가야 하는 또 하나의 이유는 회사일의 바쁜 일정에 연휴를 이용하자는 입장도 있었지만 그보다는 3주 전에 며느리가 해산을 한 것이었다.

나고야는 김포공항에서 1시간 20분 거리였다. 칼 국적기와 아시아나기가 하루 2번씩 내왕하고 있어 비교적 항공편이 좋고 공항도 동경과는 달리 복잡하지 않아 부산을 오가는 기분이었다.

공항에는 아들이 초등학교 1학년짜리 손녀를 데리고 나왔다. 아들을 만나 반갑기도 하지만 그간 전화로만 이야기를 나누던 손녀를 보니 귀엽기 그지없었다. 손녀는 일본말은 전혀 쓰지 않고 한국말을 유창하게 하면서 인사를 하고 전에 만난 저희 사촌들 안부까지 묻는 데는 귀여움에다 기특함까지 더하여 몇 번이나 꼭 껴안아주고 한국말을 자꾸 시키곤 했다.

나고야 공항에서 아들의 대학 관사까지는 자동차로 20분 거리. 관사는 대학에서 1킬로 정도 떨어진 마주 보이는 언덕에 있고 3층 연립인데 아들은 2층에 들어 있었다. 집안으로 들어서자마자 며느리가 아직 산후기가 가시지 않은 얼굴로 반갑게 맞으며 새손자를 안겨주었다. 손자는 생각 외로 얼굴이 반듯이 잘생기고 아직 물체가 보이지 않을 것인데도 마치 나와 저의 조모를 알아보는 양 눈을 뜨고 방실거리고 있었다. 손자를 안고 얼르는 나의 모습을 보고 며느리는 퍽 기쁜 표정이었다.

남아선호 사상이 퇴색돼 가고 나 또한 그에 별로 상관하지 않는 처지이지만 장남인 아들과 며느리의 입장에서는 첫아이를 여아를 낳았으니 이번에는 남아를 낳는 것이 소원이었지만 그것이 어디 뜻대로 되는 일인가. 그래서 은근히 걱정을 하던 차 아들을 낳고 보니 퍽 기쁜 모양이었다.

관사는 아파트 25평 정도의 크기인데 방이 셋, 거실과 욕실, 화장실, 조리실이 따로 있어 저희들 사는 데는 불편함이 없을 것 같았다. 이사를 들면서 도배를 새로 하여 깨끗하고 베란다에 서면 나무들이 주변에 많이 서 있어 봄, 여름이면 녹음에 싸이고 겨울에는 찬바람을 막아주는 좋은 환경이라 마음이 놓였다. 그런 교수 관사를 마련해준 학교 당국의 배려가 고마웠고, 게다가 1층은 좀 시끄럽고 습기가 차고 3층은 여름에 뜨거운데 2층에 당첨이 되었으니 다행히 겹친 것이었다. 그러니 누구보다도 부모에게 보이고 싶어 성화를 할 만도 했다.

다음날은 아들의 대학을 구경하고 연구실에도 들러 보았다. 주택에서 3분 정도 거리의 대학은 마침 입시철이라 학생들이 많이 보이지 않았다. 건물은 별로 웅장한 편은 아니나 50여 년의 역사를 지닌 대학답게 고색이 짙어가는 건물이 몇 동 알맞게 배치되어 있고 수목들이며 잔디밭, 분수대 등의 자연환경이 겨울이지만 아기자기함을 자랑하고 있었다.

연구실은 2층에 방방이 연결되어 있었는데 연구실마다 교수의 명찰이 붙어 있었다. 나는 유심히 교수들의 이름을 죽 훑어보니 거의가 일본인이고 개중에는 미국인도 몇 있고 한국인은 아들 하나뿐이었다. 한국의 이름 없는 집안의 아들이 낯설고 물 설은 이국에 와서 이름있는 대학의 한 연구실을 차지하고 그 이름표를 붙이고 있다는 것을 생각하니 자랑스럽기도 하면서 그렇게 되기까지 아들의 고생과 노력이 얼마나 컸겠는가 눈물이 날 것만 같았다.

연구실 응접의자에 앉아 묵념으로 간단히 하나님께 감사기도를 드리고 실내와 창밖을 둘러보았다. 학생들이 별로 없고 교수들이 많이 비어 있는데도 안온하게 스팀이 들어오고 많은 전공서적과 교양서적들이 꽂혀 있어 연구실로서는 소박하나마 별로 부족함이 없는 것 같았다.

학교 방문을 끝내고 나고야 시내 구경을 나섰다. 가까이 있는 나고 야성을 먼저 찾았다. 나고야 성은 일본이 통일되어 동경으로 수도를 옮기기 전 일본을 통일한 豊臣秀吉, 織田伸張, 德川家康 등의 영주들이 통치하던 성으로 2차 대전 때 일부 소실되었으나 지금은 복원되어 있었다. 그들의 웅장한 유적들을 보며 이곳에 지휘부를 두고 한국을 침략한 임진왜란과 한·일간의 불행했던 역사를 잠깐 회고해 봤다.

그리고 바닷가로 가서 높은 망루에 올라 바다에 접한 나고야시를 조망했다. 물품창고와 콘테이너 등 규모가 큰 수출 산업시설과 가까운 섬끼리 연결하여 만든 고가 산업도로가 놀라웠다. 나고야는 일본에서 동경, 오사카 다음으로 큰 도시인데 그 판도가 어마어마하게 넓고 조용하면서도 부단히 움직이는 정중동의 아름다움을 과시하고 있었다.

집에 돌아오니 며느리가 내가 좋아하는 생선초밥을 언제 주문했는지 재빨리 가져왔다. 맛있게 들며 그간 고생담을 나누었다.

그런데 나는 아들이 학위와 직장과 집, 그리고 아들을 얻은 것도 좋았지만 1학년짜리 손녀가 우리말과 글을 배워 유창하게 구사하는 것이 더 자랑스러웠다. 우리말을 가르치기 위해 일부러 거리가 먼 한국인 유치원과 교회에 보내면서 틈틈이 한글과 우리말을 배우게 하고, 또 집안에서는 애비 에미가 꼭 한국말을 쓰면서 아이가 배우기 좋은 환경을 만드는 등 남달리 노력한 결과였다. 더러는 일본말과 한국말이 헷갈려 짜증을 부리고 울기도 했지만 그 고비를 용하게 이길 수 있게 도와주었고 한국에 전화할 때는 꼭 한국어를 쓰게 할 뿐 아니라 즐거운 동화책을 읽어주는 등 흥미를 돋우었다는 것이다.

거실의 한쪽 벽에는 이사 오면서 많은 것을 버리면서도 한글 자모를 쓴 벽보를 챙겨와 붙여두었는데 손녀더러 읽어보라고 했더니 그것쯤이야 싶은지 유창하게 읽어나갔다. 글자 따라 놀리는 입 모양과 음성이 어쩌면 그렇게 예쁘고 낭랑한지.

재일교포들은 나이 많은 1세들은 말할 것도 없고 최근에 도일한 젊은 부부들도 자녀들에게 우리말과 글을 가르치지 않아 한국에 나오면 벙어리가 되어버리는 예를 자주 본다. 그럴 때마다 그 부모들의 모국어에 대한 무관심에 안타까움을 느끼곤 했는데 다행히 우리 아이들은 그런 우를 범하지 않는 것이 자랑스러웠다. 나는 아들과 며느리에게 그간의 노고를 치하하면서 손녀에게 필요도 없는 한국말을 자꾸만 시켰다.

손녀는 한술 더 떠서 한국동화책을 가져와 내게 읽어주었다. 아들의 박사와 교수직보다 며느리의 생남보다 손녀의 유창한 모국어가 내겐 더 큰 기쁨이었다.

(1998)

노모가 내민 봉투

산천의 초목들이 엊그제 내린 비로 한결 싱싱한 초록 잎새들을 자랑하고 깨끗이 씻긴 하늘에선 한결 맑고 다사로운 햇살이 대지 위에 세차게 내리꽂히는 5월 중순이다.

이렇게 좋은 계절엔 가족끼리 여행을 떠나거나 아니면 해질녘 맛있는 음식을 장만하여 네온 빛으로 찬란히 물든 한강 둔치에 나가 시원한 강바람을 쏘이며 첫여름의 정취를 즐기고 싶은 유혹 속에 젖는다.

때마침 인근에 사는 아들 내외와 딸 내외가 집에 다니러 와서 저희들끼리 입을 맞추더니 5월 가정의 달을 맞아 저희들 식구 모두와 우리 부부가 2박 3일 일정으로 제주도를 다녀오잔다.

내 기분을 어쩌면 그렇게 잘 알았는가 싶고 저들이 부모와 형제간에 우의를 도모하는 생각이 기특하여 흔쾌히 동의를 했다. 더욱이 아내의 경우는 지금껏 일본의 큰아들 집에는 한두 번 나가봤지만 제주도를 한 번도 가본 적이 없어 기회 만들기를 내게 조르던 차라 나보다 더 좋아했다. 아이들도 그런 엄마의 숙원을 이번에 풀어 주자는 속셈이 있었던 것 같다.

그런데 이 무슨 호사다마인가. 곧 나을 줄 알았던 노모의 감기가 끊어지지 않는 것이다. 출발 예정일이 가까워 오는데도 여행에 대한 얘기는 꺼내지도 못하고 노모의 건강이 회복되기만을 간절히 바라고 있을 뿐이었다.

노모는 올해 85세, 감기가 아니면 평소 2, 3일간은 혼자 지낼 수 있는 건강을 유지하고 있기에 별 걱정을 안했는데 일주일 전부터 앓는 감기에서 헤어나지 못하고 있는 것이다.

그러자 며칠 후 마침내 아내가 포기의사를 밝혔다. 우리만 가는 것도 마음이 아픈데 건강치도 않은 노모를 홀로 두고 여행을 간다는 것은 말이 안 된다는 것이었다. 자기 혼자 남아 어머니를 간호할 터이니 모두들 다녀오라고 했다

나는 그 말에 대꾸를 유보하고 어머니를 병원으로 모시고 가서 치료를 마친 후 출근을 하는가 하면, 아내더러는 영양가 있는 음식을 만들어 대접하면서 간호에 정성을 다하라고 하였다. 그러나 약간의 차도는 있지만 기침이 끊어지질 않았다.

그제야 내가 단안을 내렸다. 나는 그곳에 몇 번 다녀왔기로 내가 남아 어머니를 간호하겠으니 아내더러 다녀오라고 했다.

아내는 계속 거절을 했다. 그러나 나와 아이들의 강력한 권유에 슬며시 마음을 돌렸다. 그러면서 또 하나의 걱정을 내놓았다. 어머니께 어떻게 허락을 받느냐는 것이었다. 나는 여러 가지 방안을 생각하다가 정면돌파를 택하고 아내 대신 내가 자초지종을 말씀드렸다.

그랬더니 어머니는 의외로 선뜻 허락을 하셨다. 감기는 한 고비를 넘겼고 모처럼 가족들이 뜻을 모은 나들이니 걱정 말고 즐겁게 다녀오라는 것이었다.

제주도 여행을 아내에게 양보하고 어머니께 허락까지 받아 준 나의 마음은 기쁘기 그지없었다. 나는 지금까지 아내를 위해 한 일이 별로 없다. 그저 나 위주로 살았고 아내는 여필종부를 고수하며 집두꺼비같이 묵묵히 집안을 지켜왔다.

그러나 요즘은 자식들도 성가하여 저들 나름대로 살고 있으니 아내를 위하여 무슨 일이든 해야겠다는 생각이 간절해진 것이다. 함께 여행도 하고 외식도 하고, 물질적인 면은 물론 정신적으로도 자기를 위한다는 마음을 피부로 느낄 수 있는 일을 하고 싶은 다짐이 순간 순간 나의 가슴 깊은 곳에서 일고 있다.

떠나던 전날 밤, 아내는 그런 나의 마음을 감지했음인지 기분이 퍽 좋은 모양이었다. 여자들은 큰일에서보다 작은 일의 배려에서 행복을 느낀다더니 그런 모습을 읽을 수 있었다.

게다가 어머니는 지금까지 볼 수 없었던 마음의 정표를 내놓았다. 아내에게 봉투 하나를 내밀었다. 그간 며느리와 고운 정 미운 정이 다 들었고 특히 이번 감기를 앓는 동안 간병을 통해서 고마움을 느낀 나머지 모처럼 떠나는 여행길에 뭔가 정성을 표하고 싶었던 모양이다.

아내는 60평생에 시어머니로부터 처음 받은 봉투를 들고 몸 둘 바를 모르고 어린애처럼 좋아했다. 그 모습을 지켜보는 나도 기쁘다 못해 눈시울이 뜨거워졌다.

출발하는 날 아침, 하늘은 더욱 맑고 햇살이 눈부셨다. 아내의 얼굴이 한결 화사롭고 아이들의 얼굴에도 신록만큼이나 윤기가 흐르고 있었다.

(2002)

인고忍苦의 세월 딛고 피어난 목련화여

오늘은 가슴의 통증이 심하지 않은지, 당신을 혼자 집에 두고 출근한 나는 일이 제대로 손에 잡히질 않소.

며칠 전 수년간 앓고 있는 당신의 협심증이 악화되어 종일 숨을 제대로 못 쉬고 혼자 신음하고 있었던 일을 생각하면 출근을 전폐하고 함께 집에 있다가 여차 하면 빨리 병원 응급실로 달려가야 할 텐데 조금 우선하다고 출근한 내 마음이 아프기 그지없소. 그저 하나님께 기도로 매달릴 뿐이오.

조금이라도 통증이 발발하면 지난번과 같이 혼자 끙끙거리며 참고 견디지 말고 속히 전화를 걸어주기 바라오. 평소 핸드폰을 잘 열어놓지 않는 나지만 이젠 계속 열어 놓고 있소.

오래 전부터 협심증으로 고생을 하며 매달 정기적으로 병원 검증을 받고 있는데도 그렇게 심각하게 생각하지 않고 직장

출근이고, 외지 출장이고 내 마음대로 다녔는데 며칠 전에 겪은 증세의 악화는 내게 큰 충격이었소.

그간 내가 당신 지병에 대해 너무 무관심했고 뿐만 아니라 많은 일에 잘못했구나 하는 후회와 자책이 가슴을 메이게 하오.

지금 되돌아보니 당신과 내가 만난 지 어언 40여 년, 검은 머리가 파뿌리가 되도록 살아온 것은 천만다행이지만 그간의 삶을 되돌아보면 나는 당신의 신세만 지고 살아온 것 같소.

내가 당신을 처음 만난 것은 사범학교를 졸업하고 시골 초등학교에서 근무할 때 그곳 교회 장로님이 나의 처지를 걱정하고 서둘러 중매를 나서서 선을 본 데서부터지요. 그때 나는 당신의 외모나 집안보다 나를 생각하는 당신과 장모님의 남다른 배려에 감동되어 나도 모르게 마음이 끌렸던 것이오.

내가 근무하던 그곳은 벽촌이라 하숙할 곳도 없어 학교 숙직실에서 기거를 하고 있었고, 집안이 가난하여 이불과 베개도 없이 때 전 담요 한 장에 책뭉치를 베개로 대신하고 있었는데 선을 보고 온 이틀 후 깨끗하고 폭신한 새 이불과 베개를 인편으로 보내와 그것이 얼마나 반갑고 귀하였던지 그날 밤 나는 잠을 제대로 이룰 수 없었소.

그런데 어쩌다가 잠이 들었는데 꿈에 하얀 눈이 창밖에 소복소복 내리며 당신이 밖에서 창문을 두드리고 있었소.

그래서 나는 그 꿈이 당신과 나를 맺어주는 하나님의 계시라 믿고 토요일이면 30리가 넘는 진주까지 나가서 당신을 만났고 경치 수려한 남강변과 촉석루를 오르내리며 꿈과 사랑의 대화를 나누다보니 결실을 맺게 되었소.

대화 중 내가 7남 1녀의 장남이며 가정이 극도로 가난한 것을 몇 번이나 강조했는데도 자신은 형제간 없이 외롭게 자랐기로 형제가 많은 것과 기독교 집안이라는 것이 좋고 가난한 것은 항상 가난하라는 법은 없으니 그렇게 문제되지 않는다는 말에 당신이야말로 하늘이 내게 맺어준 배필로 거듭 믿고 결혼을 결심하게 되었던 것이오.

그런데 결혼 후 나는 급한 성격과 강직한 고집으로 가정의 매사를 나의 주장 일변도로 일관하면서 문학을 합네, 공부를 합네 하고 자상한 가장, 정감있는 남편이 되지 못했고 중년에 접어들어서는 바람깨나 피우면서 당신의 속을 무던히 썩여 온 것을 부인할 수 없소.

그런데도 당신은 그런 나의 불성실함과 등한함, 살림의 어려움을 묵묵히 참고 견디며 2남 1녀를 교육시키고 시골 부모님과 많은 형제들의 시중들기에 눈물깨나 흘리며 안간힘을 쓰던 모습이 눈앞에 선하오.

그리고 나는 하루아침에 미련없이 교직을 내동댕이치고 미친 듯이 상경열차에 몸을 실었고 그로부터 한동안 백수 신세를 면치 못하다가 천신만고 끝에 당시 권위와 영향력을 자랑하는 교육전문 언론기관에 응시, 합격의 영광을 얻고 무관의 제왕이란 명분과 자긍심에 들떠 가정이야 어떻게 되든 말든 동분서주 사건을 따라 뛰는데 역시 당신은 셋방을 전전하면서도 묵묵히 가정을 지키며 아이들 양육에 전념한 것을 생각하면 고맙기 그지없소.

그뿐인가, 제4공화국 군사정권이 언론기관을 무차별 폐간시킬 때 우리 언론사는 박 대통령의 친필 휘호까지 받고 청와대를 자주 드나들며 권력의 비호를 받은 언론이라고 폐간을 당해 또다시 백수의 전철을 면치 못하게 되었지요. 다행히 등록 취소를 면한 부설 출판부를 내가 인수, 도서출판은 물론 논문집이며 팸플릿 등 각종 인쇄물을 닥치는 대로 주문받아 제작에 심혈을 기울였던 일을 당신도 기억할 것이오.

그러나 경영의 서투름으로 일은 죽어라고 하면서 겉으로는 흑자나 뒤로는 적자를 면치 못하여 월말이면 사원 월급은 고사하고 기백만 원씩의 수표결제를 순전히 당신의 융통에 의지했음은 당신에게 고통을 준 일중 가장 괴로운 일이었다고 생각하오.

지금 당신의 협심증은 그때 얻은 병이라고 생각되오. 월말이면 무조건 돈을 빌려오라고 졸랐고 당신은 친척이다, 친구다, 아는 사람이면 모두 찾아가고 체면과 자존심을 다 버리고 아쉬운 소리를 하였으니 그 괴로움이 오죽했겠소. 그리고 날이 갈수록 형편이 풀리는 것이 아니라 빚은 거듭 쌓이고 돈을 빌려준 사람들은 독촉이 심하여 어디서 전화만 걸려와도 가슴이 덜

컥 내려앉아 견딜 수가 없다는 말을 한두 번 들은 것이 아니오.

그런 괴로운 세월을 보내다가 다행히 4, 5년 전부터는 남에게 돈 빌리는 일을 면하게 되었고 또 그 많은 빚도 다 갚고 집도 장만하게 되었으며 2남 1녀를 다 혼사시키고 편하게 살 만한데 지병은 날로 심하여 이제 위급한 상황까지 이르렀으니 안타깝기 그지없소.

언젠가 당신이 나에게 갑자기 죽을지도 모르니 혼자 사는 습관을 들이는 게 좋겠다고 말한 적이 있지요. 나는 그 말을 듣고 농담으로 들으면서도 내심으로는 괴롭기 그지없었소.

나는 당신이 알다시피 글 쓰고 책 읽는 일 외에는 아무것도 못하오. 밥이 옆에 있어도 챙겨주지 않으면 못 먹고 집안에 못 하나 제대로 못 박는 무대중의 무대로 당신이 없으면 아무것도 못한다는 것을 잘 아는 처지이니 나를 생각하는 그 심정을 이해는 하오만 정작 그렇게 된다면 나의 불편은 그만두고 그동안 당신에게 지운 크고 무거운 고통과 무정함이 죄스러워 나는 살 수가 없을 것 같소.

제발 오래 살아서 그간 내가 저지른 잘못과 당신에게 못다 한 빚을 갚을 수 있게 해주오. 인명은 하늘에 달렸지만 행여 나의 잘못으로 당신이 잘못될까봐 걱정이 태산이오.

당신은 장미꽃이나 영산홍 같은 깜찍함보다 은근하면서도 우아한 목련같이 심성이 지고지순하고 눈물이 많은 사람이요. 그런데다 마음이 넓고 대담함도 있어 집안의 큰일은 다 당신의 결단에 의해 이루어지고 있음을 나는 물론 집안 사람들 그리고 내 친구들도 다 알고 있소. 그래서 당신을 본 사람들은 내가 지금까지 산 것, 큰소리치는 것은 당신의 복이라고들 하오. 나는 그것을 인정하오.

그리고 내가 항상 말하지만, 당신의 음식 솜씨 하나는 일품이오. 자식자랑 마누라자랑은 팔불출이라고들 하지만 그것만은 그런 핀잔을 무릅쓰고 여러 사람들에게 자랑하고 있소. 장모님으로부터 익힌 전통적인 한식 솜씨는 맛이 일품이오. 우리 집 음식을 먹어 본 사람들은 칭찬하지 않은 사람이 없지 않소. 그래서 내가 종종 그 좋은 솜씨로 음식점을 했으면 대성했을 거라고 아까워하지 않소. 아마 당신이 먼저 죽고 나면 나는 음식을 못 먹어 오래 못 살 것이오.

그리고 당신은 나를 믿는 마음 하나도 일품이오. 내가 문학잡지를 발간하고 문학회 책임을 맡고 있다보니 공적이든 사적이든 많은 여류들을 만나는데 좀 질투나는 일이 있어도 아는 척 모르는 척 별다른 내색이나 따지는 일 없이 믿어주는 그 마음. 어쩌다가 딴짓을 하고 싶어도 그 믿음 때문에 나는 당신의 포로가 되고 맙니다.

내가 비교적 일찍 교회의 장로가 된 것은 나의 결점에 대한 당신의 관대함 때문이라 생각하오. 여느 부부같이 조금만 해찰해도 질투하고 남들에게 부끄러운 줄 모르고 까발리고 부아를 질렀으면 장로는 고사하고 일반 교인도 되지 못했을 것이오. 무슨 일이 있으면 조용조용 진언하고 인내하며 기다리다 끝내 여의치 못할 경우 조심스럽게 어린애에게처럼 타일러 주는 것이 나를 반성하게 하고 그로 인하여 집안에 평화는 물론 남들에게도 본이 되었다고 생각되오.

나는 성경말씀 중 "하나님을 사랑하는 자 곧 그 뜻대로 부르심을 입은 자들에게는 모든 것이 협력하여 선을 이루느니라." (롬 8:28) "고난을 당한 것이 내게 유익하니라 이로 인하여 내가 주의 율례를 배우게 되었나이다.(시 119:71)"라는 구절을 이제 우리에게 고난과 역경은 다 지나고 평안과 형통함으로 한송이 목련꽃이 활짝 필 단계인데 당신이 지병에서 벗어나지 못하고 있으니 안타깝기만 하오.

당신의 병은 하나님께서 나를 길들이기 위함인지도 모르겠소. 시간이 나는 대로 당신을 위해 기도함을 잊지 않겠소. 하루속히 욥처럼 모든 고난, 역경 다 이기고 정금같이 피어나 하나님께 감사 찬송이 절로 나올 것을 믿소.

나는 왜 받히기만 하는가

나는 최근 자동차 운전 중 접촉 사고를 몇 번 당했다. 내가 남의 차를 받은 것이 아니라 남의 차에 뒤를 받히는 사고였다.

자동차 운전은 앞만 잘 보고 진행해도 별 문제가 없다. 전방을 주시하고 앞차와의 거리를 적당히 두며 신호를 제대로 보고 과속을 하지 않으면 좌우를 크게 살피지 않아도 큰 사고는 나질 않는다.

그러나 나는 정상으로 달리고 있는데 옆이나 뒤에서 다른 차가 갑자기 들이받는 데는 어쩔 수가 없다. 그래서 나만 잘 나갈 것이 아니라 다른 사람의 운전 상황을 파악하고 미리 조치를 취하며 운전을 해야한다. 이것이 방어운전이다.

나는 방어운전 기술이 모자라서 남의 차에 받히기만 하는 것일까. 아무리 생각해도 그렇지만은 않는 것 같다. 신호대기로 서 있는데도 뒤를 받으니 어찌할 것인가.

지난번 프린스를 가졌을 때는 새차를 산 지 석 달 정도 되었는데 출근길 회사 앞에서 화물승합차에 받혀 큰일 날 뻔했다.

평촌 나의 아파트에서 사무실이 있는 안국동으로 출근할 때는 3호터널을 통과하는 코스가 첩경인데 3호터널은 3인 이하 탑승일 때는 2천 원의 통행료를 물어야 하기 때문에 동작대교를 타고 넘어와 미8군 앞을 지나 3호터널 못 미쳐서 우회전하여 소월길이라고 명명된 가파른 언덕길을 올라 남산순환도로를 탄다. 그리고 을지로 2가를 가로질러 낙원극장 밑을 빠져나와 재동로터리에서 좌회전을 받는 등 곡예를 해야만 한다.

이런 복잡한 코스의 곡예운전은 순전히 3호터널 통과비 2천 원 때문이란 생각을 하면 억울하기 그지없다. 하여 옛날 유행한 "돈 없으면 집에 가서 빈대떡이나 부쳐 먹지."라는 〈빈대떡 신사〉의 노래 가사에 맞춰 '돈 없으면 남산길로 돌아가야지.'를 되뇌며 핸들을 돌리기도 한다.

그날도 그 코스를 타고 비애의 블루스를 되뇌며 재동로터리까지는 잘 왔는데 좌회전 신호를 받고 돌아 사무실 입구에 다다랐을 무렵 쿵 소리와 함께 차체가 흔들렸다. 얼른 차에서 내려보니 승합화물차가 내 차의 뒤를 받아 한쪽 라이트가 산산이 깨지고 트렁크 부분이 쑥 들어가 있었다. 여지없이 당했음을 확인하고 몸에는 이상이 없는가, 고개를 좌우로 돌려 보니 몸은 별 이상이 없었다. 불행 중 다행이었다고 할까.

그러나 뽑아낸 지 얼마 안 된 새차를 찌그러트린, 그것도 나의 잘못이 아닌 타인의 잘못으로 당하고 보니 어이가 없었다. 가해 운전수는 서대문 변두리에서 철물점을 하는 노인인데 깜박 해찰을 했던 모양이다. 전적으로 자기 실수라며 사과를 거듭하고 보험처리로 수리를 해주겠다고 했다. 그러니 겉으로 화도 못 내고 찌그러진 차를 몰고 서비스 공장으로 들어가는 심사는 울화통이 터질 것만 같았다.

가족들과 친구들은 그날 일진이 나빴고 그것으로 액땜한 것이니 마음을 풀라고들 했지만 헌 차를 그렇게 했다면 쉬이 잊을 수 있을 것인데 새차에 대한 애착이 너무 컸기에 좀처럼 마음이 풀리지 않았다.

일주일 후 서비스센터를 나온 차가 새차와 다름없이, 언제 무슨 일이 있었느냐는 듯이 깨끗한 모습으로 내 앞에 섰을 때에야 나는 마음을 돌릴 수 있었다.

그날의 액땜 때문인지 그 후 얼마간은 대과 없이 잘 몰았다.

그러다가 그 차는 작은며느리에게 주고 새차를 뽑았다. 새차는 내 나이로 봐서 이제 뽑으면 생애에는 그만이라고 아내와 자녀들이 성화를 대는 바람에 그 차보다 배기량이 한 급 높은 차를 뽑았다.

지난 추석은 일요일을 낀 탓으로 5일간이나 긴 연휴를 가질 수 있었다. 추석 전날과 뒷날은 찾아오는 친척들도 있고 하여 집에서 쉬었는데 매일 출퇴근을 하다 3일간을 거푸 집안에서 있으려니 갑갑하여 견딜 수가 없었다. 남은 하루는 모처럼 초가을의 정취를 맛보기 위해 몇몇 같은 처지의 문학회 회원들을 연락하여 나들이를 나갔다.

동해안으로 갈까, 서해안으로 갈까 망설이다가 마침 추석을 기하여 서해고속도로가 완전개통되었다기에 기왕이면 새차로 새로 난 고속도로를 한번 신나게 달려보고 싶은 생각 쪽으로 기울었다. 군산까지 달려가 경치 수려하기로 이름난 변산반도의 해안을 돌자고 했더니 모두들 환영이었다.

서해고속도로는 1차 개통구간인 당진까지는 편도 4차선이고 새로 개통된 부분은 편도 2차선으로 줄었다. 서산까지는 약간 차량이 붐비는 편이었으나 그 이후부터는 앞이 툭 트여어 신나게 달릴 수 있었다. 위험수위를 감안하며 적당히 페달을 밟으니 과연 새차다운 질주감을 느낄 수 있었고 새로 전개되는 주변의 산과 들은 우리를 환영하는 한편 부러워하는 것 같았다.

그 전에 주마간산격으로 둘러본 적이 한두 번 있지만 시간 여유를 갖고 천천히 감상하는 변산반도 해안의 경치는 일품이었다. 더욱이 이백李白과 소동파가 노닐은 중국의 그것을 닮았다는 격포의 채석강과 적벽강의 시루떡같이 켜켜이 쌓아 올린 듯한 절벽 바위는 높이 솟은 금강산이나 설악산의 기암괴석과는 달리 지구의 역사 속에 깊숙이 빠져든 느낌이었다. 질펀이 뻗어난 개펄과 시간 따라 물결이 밀려와 대해를 이루는 해안의 생리를 통해 우주와 자연의 오묘한 신비를 만끽할 수 있었다.

거기서 조금 지나 작은 삼거리에 이르러서였다. 어디로 가야 귀로의 방향인지 몰라 차를 잠깐 세우고 한 촌로에게 길을 물었다. 그 촌로는 무조건 직진을 하라 하는데 두 갈래 길이라 직진이 어느 쪽인지 망설이고 있었다. 그때 마침 길옆 감나무 밭에서 감을 따던 농부가 감이 주렁주렁 달린 가지를 꺾어주며 그냥 가져가라고 했다. 그냥 가져오기는 미안하여 사례를 하려 하니 그 농부는 농촌의 인심을 몰라준다며 한사코 뿌리치는 바람에 시간이 지체되고 뒤에서 차가 밀리는 것 같아 고맙다는 인사만 하고 삼거리로 나왔다.

우리는 그 농부가 준 감을 보고 무척 좋아했다. 차도 근사하고 사람들도 근사해 보여 인심을 쓴 것이라며 우리 멋대로 호들갑을 떨었다.

삼거리 분기점에 가까이 나오니 그냥 직진할 것이 아니라 좌회전을 해야 하는 것이었다. 그때 마침 우측에서 직진차량 행렬이 이어지고 있기에 차선을 양보하고 정차를 하고 있는데 뒤에서 쿵 하는 소리와 함께 차체가 흔들렸다.

재빠르게 나가보니 낡은 프라이드가 나의 차를 받았다. 운전자가 나오더니 무조건 자기가 잘못하였다며 면허증을 내놓는 것이었다. 서로 크게 손상을 입지는 않았으나 나의 차는 범퍼를 갈아야 될 처지였다.

사고의 상황을 생각해보니 어이가 없었다. 운전을 어떻게 했길래 추돌을 빚을 위험이 전혀 없는 곳에서 가만히 서 있는 차를 받았는가. 그것도 폐차 직전에 있는 소형 중고차가 번쩍 번쩍 윤이 나는 새차를 받았는가. 아무리 낡고 작은 차라도 추돌을 하면 대형이든 새차든 상처가 나기는 마찬가지였다.

받힌 차를 몰고 오며 일행들은 그 가해 운전자의 해찰을 이구동성으로 규탄했다. 나도 그를 원망하면서 지난날 프린스가 당한 일을 생각하며 왜 나는 차를 새로 사면 받히기만 하는가. 그런 운명을 타고 났는가. 좋은 차를 사서 운영할 처지도 못 되면서 과분하게 거들먹거린다고 신이 저주를 내린 것인가. 괜히 마음이 약해지면서 원망과 애련의 심사가 가슴을 적셨다.

돈 없으면 헌차라도 탈 것이지 뭣 땜에 새차를 뽑았던가.' 〈빈대떡 신사〉의 곡조가 절로 나왔다.

한편, 가해자가 되는 것보다 받히며 사는 것이 행복한지도 모른다는 생각이 머리 속을 맴돌았다.

(2001. 10)

작은 만족

사람은 큰일의 성취에서만 만족을 얻는 것이 아닌 것 같다. 앓던 이빨 하나 빠진 것을 두고 10년 체증이 해소된 것처럼 시원해 하고 손톱 밑의 가시 하나를 빼고도 천하를 얻은 듯이 후련한 쾌감을 갖는다. 나의 경우 밀린 원고를 한 편 끝내고 나면 하늘을 날 것같이 가슴이 열린다.

디오게네스가 알렉산더 대왕이 찾아와 소원이 무엇이냐고 물었을 때 다른 것은 필요 없고 햇볕이 잘 들 수 있도록 당신이 드리우고 있는 그림자를 속히 치워 달라고 한 이야기는 유명하다.

나는 요즘 기분 좋은 일이 하나 생겼다. 너무도 기분이 좋아 고함을 지르고 싶고 미칠 것만 같다. 세상을 오래 살다보니 이런 일도 다 있구나 싶다.

나의 오랜 고민이었고 숙원이었던 뱃살이 빠지기 시작한 것이다. 명예를 얻고 재산을 불리는 것도 아니며 팔자를 고치는 것도 아닌데 그것은 크나큰 즐거움으로 나를 흥분시키고 있다.

며칠 전 출근을 하면서 지금까지 입고 있던 겨울 양복을 벗고 춘추복으로 갈아입었는데 작년에 허리춤 상단이 짧아 2센티 정도 벌어진 양복이 되레 3센티 정도 느슨한 게 아닌가. 허리띠는 그만 두고 단추만 잠가도 스르르 밑으로 내려갈 정도로 배가 줄었다. 어떻게나 기분이 좋은지 펄쩍펄쩍 뛰고 싶었다. 과연 다이어트 효과가 나타나는구나, 식욕과 허기를 참아낸 보람이 있구나, 나도 이제 남들 앞에서 창피를 면하게 되었구나, 성취의 탄성을 지르며 몇 번이나 뱃살을 만지곤 했다.

집을 나와 거리를 걸으면서도 일부러 더 훌쭉하게 보이기 위해 뱃살을 안으로 들이당기면서 걸음을 크게 걸었다, 거리가 모두 내 것 같고 하늘이 한결 높아 보였다. 더 이상의 고민도 바랄 것도 없는 것 같았다.

나는 평소 160센티의 키에 72킬로의 체중이었고 거기에 배가 튀어나와 몸매가 볼품이 없다. 남부끄러워 견딜 수가 없었다. 그런 볼품없는 나를 지청구를 많이 하지 않고 찾아주고 만나 주는 친구들이 고맙기 그지없었다.

살빼기는 요즘 웬만큼 먹고 사는 사람들에게 주어진 최대의 고민거리요 화두이다. 어떻게 하면 살을 뺄 것인가, 이른바 살과의 전쟁이 선포되어 있다. 현대의 첨단 보건과 의학이 이

방면에 매달려 많은 기구와 약품을 발명 제조하여 매스컴을 누비고 심지어는 기氣와 도道의 비법까지 동원하며 법석을 떠는가 하면, 더러는 사기를 당하고 약의 부작용으로 죽음에 이르고 가정 풍파를 일으키고 있다. 어떤 여자 코미디언은 갑자기 지방흡입수술로 놀랄 정도의 감량을 하고 나와 그것이 운동의 결과라고 발표했다가 들통 이나 연예인으로서 생명을 잃을 단계에 이르렀고 또 어떤 남자 코미디언은 어떤 식품으로 32킬로그램이나 감량하여 그 식품 광고의 모델로 각광을 받고 있기도 하다. 그러나 살빼기에 대한 고민과 해결의 노력은 오랜 세월이 흘렀는데도 아직 결판이 나질 않고 치열하게 진행 중이다.

나는 이런 세기적 관심사의 주인공이요, 당사자로서 그동안 나름대로 많은 시간과 노력을 기울여 왔다. 금식도 해보고 약도 먹어 봤지만 효과를 보지 못했다. 운동은 줄넘기, 등산, 조기축구, 러닝머신달리기, 약은 약방에서 환약과 가루약을 사다 먹었다. 더러는 목욕탕에서 땀흘리기를 해봤지만 그런 것들로는 별로 효과를 보지 못했다.

효과를 못 본 것은 운동이나 약의 효험이 없어서라기보다 전적으로 나의 성질의 급함과 게으름으로 지속성을 유지하지 못한 데 주요 원인이 있었다. 한창 나이인 4, 50대에 직장인으로서 금식을 하며 살을 뺀다는 것은 여간 큰 노력과 결심과 인내를 요구하는 것이 아니었다. 더욱이 살을 빼기 위해 지속적으로 시간을 투입하여 절식을 하며 운동을 하거나 독한 약을 장기간 복용한다는 것은 마음부터 내키지 않았다.

다이어트를 하면 살이 좀 빠지긴 하지만 곧 다시 찌는 것이 문제였다. 그러다가 나는 선천적으로 살이 빠지지 않는 체질이라고 단정해 버리고 말았다

나와 비슷한 처지의 한 친구는 노력을 하다하다 안 되니 궤변을 늘어놓기까지 했다. 인간이 마음껏 먹고 마시는 것은 창조주의 뜻이며 살이 찌든 말든 활동하는 데 큰 지장이 없으면 되고 날씬한 것이 아름답다는 것은 인간들의 편견이다라고 했다.

살이 찌면 보기도 싫지만 건강이 문제인 것이다. 고혈압, 당뇨, 관절염 등 이른바 성인병은 거의 달라붙게 되어 있다. 나는 통풍과 관절염을 심하게 앓고 있는데 병원에 가면 우선 살부터 빼라는 것이 처방이자 명령이었다.

그런데 지난 3월 초순 연휴를 맞아 집에서 그간 밀린 원고를 쓰다가 긴장된 심신을 풀기 위해 TV 앞에 앉아 해찰을 하고 있는데 어느 광고 방송에서 홍삼과 함초를 주제로 한 다이어트 식품을 선전하고 있었다.

홍삼이 몸에 좋다는 것은 익히 알고 있는 데다 함초는 어렸을 적 바다에서 직접 따다가 나물을 무쳐 먹으면 촉감과 맛이 좋다는 경험을 가진 나는 그것으로 다이어트가 안 되더라도 산성화된 몸을 알칼리성으로 바꾸는데 좋을 것 같아 즉시 전화를 걸어 신청을 했다.

그것을 복용한 지 3일째 되는 날부터 기미가 오기 시작했다. 밥이 많이 먹히질 않고 안 먹어도 배가 고프지 않았다. 원체 매사에 신경이 무딘 나는 그런 정도겠지 하고 그냥 그대로 지냈다.

그런지 10일쯤 지난 며칠 전 양복을 갈아입다가 그 큰 효과를 발견한 것이다. 바지의 허리춤이 겹치고 바지통이 양복 아닌 한복을 입은 것같이 헐렁거렸다. 거울에 나의 모습을 비춰보니 제법 몸의 균형이 잡히고 날씬해 보였다.

요새는 배를 만져보고 몸무게를 달아보는 것이 일과가 되었다. 그럴 때마다 기쁘기 그지없다. 날마다 무게가 눈에 띄게 주는 것은 아니지만 며칠만에 차도를 느끼곤 한다. 별 진전 없이 소강상태를 보일 때도 있어 실망을 하다가도 다시 음식과 마음을 조인다.

거리에서 아는 사람을 만나면 인사가 대단하다. 어떤 사람은 무슨 병이 있느냐고 묻기도 하고 어떤 사람은 날씬해졌다고 환성을 보내고 그 비법이 무엇이냐고 묻는다. 그럴 땐 하늘을 얻은 것만큼이나 기쁘다. 날마다 출근길에 만나는 공원의 새들마저도 축하의 박수를 보내는 것 같다.

(2002. 6)

친구의 이미지

변강쇠 천국

이쑤시개와 이이개

간 맞추기

모지 유감有感

공자孔子는 시詩의 달인

친구의 이미지

친구는 우정과 의리의 상징이며 신의와 희생의 이미지인 동시에 선의의 경쟁과 양보와 견제의 화신이다. 부모 형제나 부부보다 더 나누지 못할 말이 없는 막역지간이기도 하다.

세상에 회자되는 친구지간에 남긴 우정의 사례는 한두 가지가 아니다.

관포管鮑가 욕심쟁이고 무능하고 비겁하다고 세상 사람들이 비난할 때 그럴 만한 이유가 있다고 그를 변호하며 원망하지 않은 포숙아鮑叔牙와 뒤에 천하를 호령할 만한 정치가가 된 관포가 자기가 그렇게 된 것은 자기의 어려움을 이해해 준 포숙아의 덕이라고 자랑한 관포지교管鮑之交가 있다.

거문고의 명인 백아白牙가 거문고를 탈 때마다 먼저 그 뜻을 알고 칭찬과 감탄을 아끼지 않은 종자기種子期와 그러던 종자기가 죽자 자기를 알아주는 이 없는데 거문고가 왜 필요하냐며 거문고를 부수고 평생 켜지 않았다는 백아간의 지음지교知音之交가 있다. 이것들은 춘추시대 제나라 사람들이 남긴 칭송받는 우정의 사례이다.

대적 골리앗을 물맷돌로 쳐죽임으로써 이스라엘을 대승리로 이끈 다윗을 사울 왕이 시기하여 기회만 있으면 죽이려 했다. 이에 사울 왕의 아들 요나단은 다윗에게 아버지의 정보를 수시로 전해주고 온갖 기지를 동원하여 그를 죽음에서 구해주었다. 그리고 다윗은 정권을 잡고 왕위에 오르자 전투에서 죽은 요나단과 그의 아버지 사울 왕을 위해서 조가를 지어 백성들에게 부르게 하고 그 우정을 기리었다. 이것은 구약성서 사무엘서에 나오는 보은지교報恩之交이다.

친구란 과연 어떤 사이인가. 영국의 어떤 출판사가 거액의 상금을 걸고 친구의 정의를 모집했더니 수천 통이 응모되었는데 '기쁨을 곱해 주고 고통은 나눠 갖는 사람', '침묵을 이해하는 사람', '많은 동정을 베풀어서 그 동정이 옷을 입고 있는 사람', 그 중 1위는 '세상사람들이 다 내 곁을 떠났을 때 나를 찾아 오는 그 사람'이었다고 한다.

그러나 현대에는 진정한 친구가 없다. 친구지간의 의리도 양보도 이해도 없고 지음도 없는 시대가 되었다.

몇 해 전 우리의 영화관을 뜨겁게 달군 방화 〈친구〉는 흥행에는 성공했는지 모르겠으나 친구의 진정한 의미를 보여주는 데는 실패했다. 오히려 그 〈친구〉 이후 아름다운 우정의 이미지는 우리들로부터 사라졌다. 아무리 돈독한 친구지간이라도 자기 조직의 명령이나 이익에 따라서는 잔인하게 친구의 심장에다 비수를 꽂아야 하는 것이 오늘의 친구지간이다.

영화 〈친구〉의 줄거리를 요약하면, 어릴 적부터 깨벗고 함께 놀던 세 친구가 있었다. 고등학교 시절까지는 함께 있으면 든든하고 무슨 일이라도 할 수 있을 것 같아 용감하게 의기투합했다. 불의를 보면 참지 못했다. 어려움을 당하는 여학생을 구해 주기도 하고 한 친구가 다른 패거리들에게 몰매를 맞을 때 친구를 위해 용감하게 싸웠다.

그러다가 두 친구가 각기 다른 보스를 섬기게 되면서 갈 길을 달리하게 된다. 마침내 조직끼리 서로 상권을 다투다가 한 친구가 자기 부하를 시켜 다른 친구를 칼로 잔인하게 찔러 살해하게 된다. 아무리 깡패들 세계의 잔인함을 흥미위주로 그린 것이라도 그 휴머니즘은 이해가 되지 않는다.

이 영화뿐 아니라 친구를 상대로 한 사기사건, 불륜사건, 살인사건들이 비일비재한 것이 오늘의 세태이고 거기다가 이 영화는 그 당위성을 더해주는 것 같다.

나의 경우, 친구 하면 잊지 못할 사연이 하나 있다. 동족상잔의 6 · 25사변이 한바탕 반도강산에 피를 뿌리고 휴전이란 이름으로 포성이 멎은 지 얼마 되지 않은 60년대 초, 전선은 휴전선으로 바뀌었지만 전방에서는 아직도 간헐적으로 피아간에 포탄이 교환되었다. 언제 다시 전선이 무너질지 불안하며 기동훈련이다, 공비토벌이다 하여 군인들의 신변이 위험하던 터라 많은 장정들이 군입대를 늦추거나 기피하는 사례가 많았다.

그러나 나는 입대 영장을 받기가 바쁘게 치를 것은 당당히 치른다는 용기와 배짱으로 입대를 했다.

집결지 진주역에는 논산훈련소행 수송열차가 수십 량의 열차를 매달고 탑승을 재촉하고 있었다. 거기에 수백 명의 장정이 발디딜 틈 없이 분승, 칠흑 같은 어둠을 가르며 달렸다. 차를 먼저 타려고 달려들며 어떻게 하다보니 내가 탄 차칸에는 나의 친구들이 한 사람도 없었다. 외톨이 신세가 된 나는 이른바 '군중 속의 고독'을 되씹으며 앞으로 훈련과정과 군생활을 어떻게 치러나갈 것인가 착잡한 심정에 잠겨 있었다.

그때 마침 나의 옆에 서 있던 장정이 말을 걸어왔다. 수인사를 하고 고향과 입대하기까지의 직장생활, 앞으로 군생활 등에 대한 얘기를 나누다보니 서로 마음에 들어 의형제를 맺고 이제부터는 모든 행동을 같이하기로 했다. 훈련소에 도착, 한 중대 같은 소대원이 되어 식사도 같이하고 사역도 같이하고 떨어져서는 못 살세라 서로 꽁무니를 따라다녔다.

그런데 일주일쯤 훈련을 받고 난 어느 날 저녁, 취침 직전에 비상이 걸렸다. 완전무장을 하고 0.5초 내로 연병장에 집합하라는 비상령이었다. 서로 옷을 입고 군장을 차고 밖으로 나가기 위해 바빴다. 나는 복장을 다 갖추고 모자를 쓰려고 보니 조금 전까지 옆에 있던 내 모자가 감쪽같이 없어진 것이었다. 엉겁결에 도둑맞았구나 싶어 나도 얼른 옆에 있는 다른 사람의 모자를 훔쳐 쓰고 달려 나갔다.

그런데 나중에 알고 보니 그 모자는 의형제 맺은 그 친구의 모자였다. 친구는 모자를 잃고 지독한 기합을 받았다. 친구지간에 이럴 수가 있을까. 나는 두고두고 그 친구에게 모자를 훔친 것은 나였다고 털어놓지 못하고 말았다. 이것은 내가 저지른 우정의 실패지교이다.

요즘 정치권을 보면 어제의 같은 길을 가던 민주화투사가 오늘은 정적이 되어 서로 눈을 부라리는가 하면, 어제의 배반자가 오늘엔 의기투합하는 사례가 너무 많다. 이는 개과천선의 미덕보다 지조없는 행동, 소신없는 우정으로 조석변개의 무상함을 금할 길 없다.

아무리 자신이 불리하고 곤궁에 처하더라도 초지일관 신의와 지조를 견지하는 선남선녀들이 많았으면 하는 것이 오늘을 사는 우리 민초들의 소망이다.

(2002. 12)

변강쇠 천국

요즘 신문의 광고를 보면 남성의 양기를 돋우는 식품과 다이어트 식품, 그리고 오피스텔 및 대형 백화점 분양, 해외여행 안내 등으로 지면이 빽빽하다. 광고의 크기도 단일 품목이 신문의 전면이나 반단을 차지하고 수차례 거듭 게재되고 있다. 더러는 흑백도 있지만 대부분 칼라로 찬란하게 디자인되어 시선을 끌고 어떤 경우는 신문기사인지 광고인지 착각을 일으킬 정도다.

건강식품들의 복용은 우리의 삶을 보다 윤택하고 즐겁게 하려는 삶의 질이나 복지적 차원으로 볼 수도 있다. 그간 우리는 일제 압박과 근대 산업화 과정을 통하여 최소한의 의식주 해결에도 숨이 가빴고 허리가 굽었다. 그러다가 이제 경제적으로 어느 정도 부를 누리게 되니 좋은 주택에서 몸보신하며 즐겁게 살고 싶고 또 어느 정도 모은 재산을 효율적으로 투자하고자 하는 것은 누구나 바라는 상정이요 희망이다.

옛날에는 "저 푸른 초원 위에 그림 같은 집을 짓고 사랑하는 님과 한평생 살고 싶다."는 어느 유행가의 가사대로 아름다운 자연을 즐기며 사는 것이 희망이었지만 요즘은 사랑하는 임은 다이어트로 몸매를 가꾸고 남자는 정력제로 양기를 돋우어 빌딩이나 오피스텔을 사서 세 받아먹고 여행이나 하면서 살고 싶은 게 최상의 꿈인 모양이다.

그 중에도 남성의 양기를 돋우는 식품은 오가피, 구운 마늘, 홍삼, 산수유, 사슴녹용 등이 주종을 이루고 있고 그것을 복용하기만 하면 당장 변강쇠를 능가할 회춘과 양기를 발휘할 것 같이 선전을 하고 있다. 또 그 판매전략도 얼마를 보너스로 더 준다며 대량의 물량공세를 취하고 대금도 만만치 않아 분납도 가능하며 물건 수취 후나 복용 후에 입금해도 좋다고 유혹적 선전을 하고 있다.

남성들은 어느 정도 나이가 들면 정력이 떨어지게 마련이고 어떻게 하면 그것을 방지하거나 회춘을 할 수 있을까가 큰 관심사이다. 인간이 살아가는 데 있어 여러 가지 뜻과 보람과 희망이 있지만 성적 쾌락은 그 중의 첫손가락을 꼽을 수 있다 해도 과언이 아니라 한다.

그런데다 그런 식품을 먹으면 당장 효과를 볼 수 있다고 근사한 의학적, 실험적 문구와 근거를 대며 대문짝만 한 광고를 해대니 관심과 호기심을 갖지 않을 사람이 없는 것 같다. 꺼져 가는 청춘을 회춘할 수 있는 명약이 있다면 그 이상 좋은 일이 있으랴.

요즘 우리 사회는 도덕과 질서와 가치관이 파괴되어 가는 것이 가장 큰 문제다. 폭력, 사기, 고성방가, 쓰레기 무단투기, 교통법규 위반 등 어느 하나 문제되지 않는 것이 없다. 그리고 무엇이든 그저 크고 넓고 강한 최상급만 추구하는 세상이 되었다.

그 중에서 성의 문란은 보통 심각한 문제가 아니다. PC를 통한 채팅이나 원조교제 등 청소년 비행은 물론 주부들마저 성문란이 비밀 아닌 비밀이 되었다 한다. 성을 전제로 한 유흥에 많은 금액을 탕진하고 그로 인한 카드빚을 갚기 위해 살인사건까지 다발되는 현실이다.

성의 문란은 여러 가지 요인이 있겠지만 좋은 보양식에다, 운동 등으로 성력은 강한데 그에 따른 근신과 인내가 없기 때문이다. 뿐만 아니라 성의 유희를 인생의 최고 쾌락으로 향유하기 위한 의지와 사회 분위기가 팽창하기 때문이다.

정력이 강해지는 식품을 경쟁적으로 개발하여 대대적으로 선전하고 유혹한다는 것은 국민 모두를 변강쇠로 만들어 성범죄 유발을 조장하는 행위라고도 할 수 있다. 뿐만 아니라 이런 식품들은 의학적으로 검증되지 않아 부작용을 유발하는 사례가 많은데도 보건당국은 단속할 의지를 보이지 않고 있다. 단속을 한다 해도 상당한 기간 동안 많은 양을 팔아먹은 후 문제가 생기면 그때 마지못해 손을 대게 되고 그 결과는 거의 부정식품이라는 판정을 내리고 있다.

얼마 전 중국제 다이어트 제품이 유해하다고 일본에서 먼저 들고 나오니 그제야 우리가 그것을 분석, 실험하고 수입 중단하며 단속한 사례를 기억한다.

진정으로 국민건강을 생각한다면 식약청이나 위생관계기관에서 검증통과된 것만 매스컴에 광고케 하고 매스컴들도 그런 믿을 수 있는 제품의 광고만 취급을 해야 할 것이다.

강정제식품 광고에는 으레 무슨 건강연구소나 제약회사에서 다년간 연구 결과라고 병기하고 또는 유명한 의사나 탤런트를 내세워 신뢰도를 높이며 유명시하고 있으나 막상 문제가 터져서 알아보면 그런 제약회사나 연구소는 유령이 많고 그에 관련된 유명 의사, 탤런트는 나름대로 이유를 대서 빠져나가고 있다.

우리는 지난 6월 월드컵 축구대회에서 미처 꿈도 꾸지 못했던 4강에 진출했다. 선수들의 기량이 빼어나고 국민들의 단합된 응원과정을 통하여 '붉은 악마'의 신화를 세계 만방에 떨치게 되었고 그로 인하여 우리의 국가 위상이 급부상하게 되었다. 정말 장하고 신나는 일이다.

그러나 그 결과 건전한 스포츠를 인기나 출세의 최고 바로미터로 알고 상금 및 연금과 배당금 등을 노리는 등 모든 가치관을 육체적 강화에 치중하는 감이 없지 않다. 일부 업자는 우리 선수들이 훈련 중 오가피를 먹고 기력이 왕성했다 하여 이를 대대적으로 선전하는 상업성마저 보여주고 있다.

인간은 육체적 건강도 중요하지만 정신적 측면도 중요하다. 육체적 측면이 승하다보니 정신적 측면은 위축되어 언밸런스를 빚고 있다. 고도의 과학기술이나 학문 그리고 예술면에서 세계 챔피언급 성과를 올린 것은 별스럽지 않게 여기고 국민들의 독서나 문화예술을 통한 정서 함양은 정책도 미미하거니와 매스컴들이 보도에 인색하기 그지없다. 스포츠에서 세계 챔피언이나 우승을 하면 큰 상금과 각계각층의 후원금에다 연금까지 주고 귀국할 땐 환영퍼레이드를 펼치며 취재경쟁에 열을 올리지만 과학이나 물리화학 의학 또는 음악, 미술, 문학 등에 대해서는 그 대우와 보도가 미미하기 그지없다.

이제 우리는 스포츠도 좋지만 보다 수준 높은 정신적 측면의 문화예술을 통해 세계를 제패할 정책과 국민관심을 펼쳐야 할 것이다. 그뿐만 아니라 지나치게 보양식에 치중하여 양기가 곧 섹스요, 섹스가 곧 행복이라는 잘못된 국민정서와 감정을 바로 잡아야 할 것이며 광고문화도 좀더 고급화하고 요란하게 떠드는 것보다 정직하고 조심스러움으로 신뢰를 추구할 필요가 있다고 본다.

(2002. 10)

이쑤시개와 이이개

식사를 하고 나면 고기를 먹었든 국수를 먹었든 이를 청소해야 하는 것은 나이깨나 든 사람이면 거의 필수적 수순이다.

이 사이에 끼여 혓바닥에 걸치적거리는 음식물을 이쑤시개로 뽑아내면 앓던 이 빠진 것처럼 시원하다. 그런데 그 '이쑤시개'란 말에 괜히 신경이 쓰이고 기분이 후련치 않은 것은 나만의 생각일까?

'이쑤시개'는 이를 쑤시는 작은 도구라는 뜻인데, '쑤신다'는 말을 우리의 귀한 입과 연결짓는다는 것은 아무래도 몰상식한 기분이다. '쑤신다'는 말의 뜻을 사전에서 보니 '구멍 같은 데를 꼬챙이나 막대기 따위로 찌르다.'로 되어 있다. 고귀한 언어구사와 귀중한 음식의 공급 통로를 꼬챙이나 막대기로 쑤시다니 당사자인 입으로부터 들을 욕도 크거니와 우리의 인격과 자존

심으로도 도저히 용납할 수 없는 일이다.

음식을 먹고 이를 쑤시는 것은 단순히 이 사이에 끼인 음식물을 제거하기 위함만은 아니다. 그것은 쾌감이자 권위이기도 하다. 음식이 이에 끼이지 않았더라도 잇몸을 건드려 주면 시원하기 그지없다. 또한 비록 국수를 먹고도 갈비를 먹은 양 이를 쑤시고 트림을 하면서 음식점을 나오면 청빈하나마 낙도樂道의 쾌감을 느끼게도 된다.

어렸을 적 어른들이 자장면을 먹고 이를 쑤시는 것을 보고 괜히 갈비나 먹은 것처럼 과장된 거드름을 피운다고 흉을 보았는데, 나이가 들고보니 노인이 되면 가루음식을 먹어도 이에 끼고, 또 끼이지 않더라도 갈비를 뜯은 기분을 가져보는 것은 하나의 느긋한 멋으로 여겨진다. 냉수 먹고 이를 쑤시는 것도 제멋에서가 아닌가.

그런데 왜 그렇게 의미가 깊고 요긴한 용구를 '쑤시개'라 부를까. 같은 구멍인데도 귀를 후비는 것은 '귀후비개'라 하면서 이를 청소하는 것은 그런 못된 표현을 쓰게 되었을까.

대개 우리의 음식 이름이나 식사용구의 명칭은 식당주인이나 종업원들이 만들어 내듯이 이 '이쑤시개'도 누구의 성찰이나 합의, 공포 없이 그들이 부르는 대로 쓰다보니 습관화, 고정화된 모양이다.

그러나 지금이라도 무슨 좋은 명칭을 붙일 수 없을까. 나는 그것을 사용할 때마다 언짢은 기분을 금치 못하며 그 바른 이름을 생각해 보지만 좋은 이름이 떠오르지 않는다.

언젠가 국문학의 권위자이자 한글 전용의 주장자이신 L박사님께 좋은 이름이 없겠느냐고 물었더니, 그분도 역시 '이쑤시개'의 뭇됨은 인정하면서 좋은 이름이 얼른 생각나지 않는다고 앞으로 연구과제로 돌렸다.

'이쑤시개'의 역사는 오래된 것 같다. 이규태李圭泰의 칼럼에 의하면 여러 가지 역사적 사례를 읽을 수 있다.

3,200년 전 중국 은나라 무덤에서 고기, 새, 호랑이 등이 조각된 옥제 이쑤시개가 출토되었다고 한다. 그리고 진晋나라 육운陸雲이란 사람이 그의 형 육기陸機에게 부친 편지에 그가 위나라의 서울에 가서 조국의 유물을 구경하는데, 거기서 이쑤시개를 보았고 그것을 하나 얻어 형에게 기념으로 보낸다고 기록되어 있다고 한다.

또한 기원전 수메르 사람들은 여러 형태의 이쑤시개를 엮은 목걸이를 하고 다니며 알맞은 잇새에 알맞은 크기를 골라 썼다고 한다.

로마의 프리니우스는 '고슴도치의 바늘로 이쑤시개를 하면 잇몸이 튼튼해진다고 했고, 독수리 깃털은 입내가 나서 좋지 않다.'고 했다.

대승불교에서는 비구니가 몸에 지니고 다녀야 할 필수기구 十八物 중 첫째가 이빨을 깨끗이 하는 '양지일치목楊枝一齒木'이라고 했다.

병고로부터 중생을 구제하는 관음觀音은 이쑤시개와 물병을 든 양지관음楊枝觀音인데, 이런 것을 비추어 볼 때 불교문화권에 있어 그것은 대단한 비중을 차지하고 있음을 알 수 있다.

이와 같이 유구한 역사와 심오한 구도의 용구이기도 한 이쑤시개를 우리는 어찌하여 제대로 된 이름 하나 붙이지 못하고 있는가.

귀를 청소하는 '귀후비개'란 말도 사실은 표준어가 아니다. '귀이개'가 제대로 된 말이다. 순수한 우리말로 어감도 좋고 귀티가 나는 이름이다. 그런데 그런 좋은 이름이 있는데도 그 본래 용어를 쓰지 않고 '귀후비개'로 쓰는 이유는 또 무엇일까.

언어는 쓰기 편한 대로, 또 많이 쓰는 대로 변천 정착하게 마련이다. '귀이개'보다 '귀후비개'는 후빈다는 말에 매력이 있는지 모른다. 귀가 가려울 때 성냥 꼬투리나 부드러운 용구로 살살 간지르면 그것처럼 시원하고 기분 좋은 일은 없다.

나의 경우는 목욕탕에 가면 목욕을 한 다음, 머리를 말리고 나서 면봉으로 귀를 후비는 것이 개운한 기분의 하이라이트다. 이발소에서도 역시 이발을 끝내고 아가씨가 부드러운 손으로 로션을 얼굴에 바른 후 귀를 후벼 줄 때가 가장 즐겁다.

그뿐만 아니라 집이나 사무실에서 기분이 언짢고 갑갑할 땐 귀이개로 귀를 후비는 습관이 있다.

옛날 우리 서민들은 날마다 바쁘게 일을 하다 비가 오는 날이면, 신랑 각시가 방안에 들어앉아 서로 무릎을 베고 귀를 후벼주는 장면을 연출하기도 했다.

그것은 귓속에 든 귀지를 제거하기 위한 목적도 있지만, 그보다는 귓속을 살살 긁을 때의 그 쾌감을 서로 나누면서 애정을 돋우기 위함이 아니겠는가. 이럴 때 '후빈다'는 말도 뭇되기는 마찬가지지만 그 시원한 어감이 실감을 돋우는 것 같다.

그러면 이도 쑤신다고 할 것이 아니라 후빈다고 하면 좋지 않을까. 그러나 그것도 어차피 잘못 쓰이는 용어인데, 그대로 취하기는 별로 내키지 않는 마음이다.

그렇다면 '귀이개'란 용어를 빌려 '이이개'로 하면 어떨까. 아니면 '치이개'로 하든지, 또는 앞의 대승불교 용어대로 '치목'이나 부드러운 버드나무를 연상케 하는 '楊枝'라고 하면 어떨까.

어학이나 한글용어에 남다른 조예가 없으면서 감히 이런 용어를 말한다는 것은 제격이 아닌 줄 안다. 그러나 '쑤신다'는 말의 예봉을 피해 보고자 하는 뜻에서 나름대로의 고민을 털어놓아 본다. 좋은 용어가 나왔으면 한다.

(1997)

간 맞추기

인간의 만사는 '맞춤'이라 할 수 있다. 세상에 태어나는 것과 부모나 남녀의 구별, 용모, 체형 등은 창조주의 섭리라 하더라도 일단 태어난 이후 모든 생활은 맞춤으로 연속된다.

어떤 옷을 입을 것인가. 어떤 학교로 진학할 것인가. 결혼 상대를 고르고 직업을 선택하고, 자동차와 주택도 심지어 점심 식사 한끼도 자기 취향, 자기 능력과 형편, 기호와 기분은 물론 시와 때를 맞추어야 한다.

인간의 최고 기쁨이자 즐거움이라는 이성간의 사랑도 먼저 눈과 눈이 맞아야 마음이 움직이고 코와 입, 배도 서로 맞아야 무엇이 이루어진다.

때로 남의 조언을 듣고 권유도 받고 강요를 당하는 등 부득이한 사정에 따라 선택이 좌우되기도 하지만 대부분 자의에 의해 맞추어진다.

어떤 교육연수원 원장이 일주일간 연수를 마치고 나가는 여교사들에게 "여러분, 그동안 고생 많았으니 이제 집으로 돌아가 양복도 맞추고 구두도 맞추라."고 했더니 어떤 여교사는 원장님이 단골로 다니는 양복점, 구둣방을 소개해 달라 하여 그 입고 다니는 양복, 신고 다니는 구두가 아니고 남편과 함께 맞추어야 양복兩腹과 구두口頭는 하는 부연설명을 했더니 그때서야 알아듣고 폭소를 금하지 못했다고 한다.

그런데 나는 요즘 이 맞춤으로 인하여 아내와 적잖은 신경전을 겪고 있다. 아내와의 맞춤이라고 하니 무슨 잠자리의 사랑행위인 줄 알고 눈이 번쩍 뜨일지 모르나 그것으로 곤란을 받을 나이는 이미 지났고 대신 음식의 간 맞추기를 가지고 종종 실랑이를 벌인다.

맞춤의 중요성은 규모의 크기나 값어치에 따라 좌우되는 것은 아니다. 물론 집이나 가구나 결혼 상대자를 맞추는 것은 중요한 것이지만 음식의 간을 맞추는 것은 사소한 것 같으면서도 여간 신경 쓰이는 것이 아니다. 나이가 들수록 거기에 대해서 까다로워지는 것이 인생인가 보다.

우리 집에는 세 식구가 산다. 우리 부부와 85세의 노모, 단출한 식구이다. 식구는 단출하지만 밥이나 반찬을 만들면 여러 때를 나누어 먹어야 할 경우가 많고 게다가 나는 매일 출근을 하니 아침은 8시쯤에 꼭꼭 먹지만 저녁은 들쑥날쑥이다.

어머니도 아침을 늦게 드시고 점심은 노인정이나 교회에 가서 때우는 날이 많다. 거기다 아내는 다이어트에 습관이 붙어 매끼를 먹어도 그만 안 먹어도 그만 식사엔 별로 취미가 없다. 그러고 보니 주부인 아내는 식구들의 식사에 대한 불만이 크다. 그런 아내의 불평은 이유 있는 불평으로 인정하지 않을 수 없다.

그래서 나는 아예 선언을 했다. 아침 식사만 빵이든 밥이든 손쉬운 대로 준비해 주고 저녁은 신경 쓰지 말라고 했다. 저녁 식사를 안하거나 못하고 집에 가면 라면 하나 직접 끓여 먹으면 된다. 나는 혼자 라면 끓여 먹기를 좋아하니까 큰소리 친다.

그런데 그것은 그렇다치고 아침이나 저녁식사를 집에서 할 경우 음식의 간을 맞추는 게 문제다. 나는 퍽 싱겁게 먹는 편이고 노모는 짜게 먹는 편이다. 또 노모와 아내는 김치나 찌개가 얼큰한 것을 좋아하고 나는 담백하고 칼칼한 것을 좋아한다.

나는 아내에게 왜 싱겁게 못하는가, 소금장수하고 결탁이라도 한 모양이라고 불평을 하면 어머니와 내가 상반되니 어떻게 하겠는가, 꼭 그것이 문제라면 같은 음식이라도 두 가지를 따로 만들 수밖에 없다,라고 항변한다.

나는 그 말에 말을 잃고 만다. 많지 않은 세 식구에 따로따로 음식을 만든다면 그 무슨 고집이고 까탈스러움인가. 그래서 나는 좀 짜더라도 그냥 참고 먹고 아주 짜면 직접 내 손으로 더운물을 부어 묽게 해서 먹고 만다.

그러면서도 어떤 땐 짜증이 난다. 하루에 한끼 정도 집에서 먹는 식사를 어찌 이렇게 맞춰주지 못하는가. 그래서 나는 요즘 많은 맞춤 중에 음식의 간 맞춤이 최고의 관심사이다. 음식점에 가면 그 집 음식의 간부터 먼저 본다. 김칫국물을 한 숟가락 떠먹어 보면 당장 알 수 있다. 그리고 아무리 소문난 장안의 명소라도 음식이 너무 짜거나 싱거워 간이 맞질 않으면 외면하고 만다.

내가 음식을 싱겁게 먹게 된 것은 오래되지 않았다. 염분이 성인병의 주인이라고 떠들어대던 시절부터다. 그 전에는 짜게 먹는 편이었다. 경상도 사람들은 맵고 짠 것을 좋아한다는 말 그대로 나 역시 경상도 사나이니 별수 있으랴.

10여 년 전 통풍이 심하여 병원에 진찰을 받았더니 신장에서 요산을 걸러주지 못해 혈관으로 흘러들어 미세혈관이 막혀서 그렇다고 가능하면 신장에 해를 주는 짠 음식과 날것을 삼가라고 했다. 그때부터 가능하면 싱겁게 먹기 시작한 것이 이제는 습관이 되어 버렸다.

짜고 싱거운 것은 소금의 과다가 좌우한다. 소금은 음식의 맛을 낼 뿐 아니라 부패를 막는다. 그래서 성경에서는 '너희는 세상에 빛과 소금이 되라.'고 했다.

선조대왕이 옥좌를 물려줄 세자를 택하면서 여러 가지 멘탈 테스트를 했는데 음식 중에 가장 귀한 것이 무엇이냐고 물었다. 이에 세자 광해군이 선뜻 그것은 소금이라고 대답함으로

써 선조대왕은 퍽 만족했다는 일화가 있다.

옛날 서구에서는 소금으로 월급을 지불했다고 한다. 생활의 기본이 소금이었다고 볼 수 있다. 샐러리(Salary)의 어원도 소금값(salarium)에서 유래했다고 한다. 소금이 얼마나 중요한가를 알 수 있다.

사람도 지나치게 수전노 노릇을 하면 짜다고 하고 알맹이가 없이 처신하면 싱거운 사람이라고 하는 것을 보면 너무 짜도 안 되고 싱거워도 안 되고 간을 적당히 맞춘다는 것은 일상생활에 있어 여간 중요한 것이 아닌 것 같다.

아내가 나의 식성을 배려하지 않고 음식을 짜게 했을 때는 신경질이 나다가도 소금이나 간장을 조금만 더 넣으면 짜고 조금만 적게 넣으면 싱거우니 그 정도를 어떻게 맞출 것인가. 그렇다고 소금이나 간장을 저울에 달아서 넣을 수도 없지 않은가.

간을 맞춘다는 것은 이 세상의 어떤 맞춤보다 어렵다는 것을 절감한다. 아울러 주부들의 고심이 얼마나 크다는 것을 이해하며 스스로 위안의 길을 백하고 만다.

옛 시조에 "뜰 앞에 국화 심고/국화 밑에 술 빚어두니/술 익자 국화피자/달 뜨자 임 오신다"는 구절이 있다.

이렇게 모든 것이 의도와 계획대로 척척 맞아떨어지면 얼마나 좋을까.

(2003. 2)

모자 유감有感

요즘 많은 사람들이 모자를 쓴다. 남녀노소 할 것 없이 저마다 멋있는 모자를 어디서 구했는지 자랑스럽게 쓰고 다닌다.

특히 여자들은 베레모나 벙거지를 계절에 관계없이 쓰고, 남자들의 경우 나이 젊은 사람들은 앞창이 쪼빗한 운동모를, 나이든 사람들은 개동모開冬帽나 중절모를 많이 쓴다. 개동모자는 일본말로 '도리우찌'(포수들의 모자)라고 하는데 우리말로는 '개동모'라 한단다. 가을이 깊어 겨울이 오면 머리의 보온을 위해 쓰는 모자라 하여 그렇게 부른다고 하나 그 유래를 아는 사람이 별로 없다.

개동모는 일제시 고등계 형사들이 많이 써서 그 인상이 좋지 않았으나 요즘은 제법 멋을 부리는 인텔리들이 많이 쓰고 있어 그런 위화감을 주지는 않는다.

모자는 신분의 표시이기도 하다. 학생은 학생모, 군인은 군모, 경찰관은 경찰모, 그 외 지하철 근무자, 택시운전사 등 직업에 따라 모자가 정해져 있다. 또한 전투모, 등산모, 운동모 등 작업에 따라 쓰는 모자도 있다. 맥고모(보릿대모자)는 농부들의 여름 차양용 또는 작업용 모자이나 요즘은 찾아보기 힘들다.

멋으로 쓰는 경우 잘 어울리는 사람이 있는 반면 별로 어울리지 않는 사람도 있다. 잘 어울리지 않는데도 외출할 때는 물론 실내에서도 계속 쓰고 있는 것을 보면 보기에 딱할 때가 있다.

여인들은 잘 어울리든 안 어울리든 평상시에는 모자를 쓰지 않는 것이 좋다. 여자들의 머리칼은 매력의 포인트다. 새까만 머리칼에 윤기가 자르르 흐르거나 웨이브가 져 바람에 날리는 모습을 보면 아름답기 그지없다.

수녀들이 캡으로 머리를 가리는 것은 행여 그 아름다운 머리가 남자들을 유혹하는 촉매제가 될까봐 예방 차원에서 마련된 조처라고 한다. 그런 매력의 보물을 수녀도 아니고 봉건시대도 아닌 첨단 개방 시대를 사는 오늘의 여인들이 굳이 감출 필요가 있을까.

또 하나는 여자들은 머리를 항상 깨끗이 손질하고 다듬어야 하는데 게으른 나머지 모자로 손쉽게 그 흐트러짐과 청결치 못함을 커버하는 것 같아 별로 좋게 생각되지 않는다.

남자들의 경우는 추위 또는 대머리의 가림보다 의관으로서의 의미가 더 크다.

옛날에는 웬만큼 점잖은 행세를 하는 사람들은 반드시 의관을 정제했다. 외출시 자기 것이 마땅치 않으면 빌려서라도 의관을 차리고 나섰다.

미국 대통령 존슨은 머리가 공산명월인데도 그냥 동남아 순방에 올랐다가 한국에서는 그냥 지냈고 북국에 가서는 감기에 걸릴까봐 선물로 받은 밍크 모자를 썼다고 한다.

또한 아이크는 문어를 방불케 하는 거대한 독두禿頭요 어느 시구처럼 '胡地無花草'이기에 반드시 모자를 쓰고 외국 순방길에 올랐다고 한다.

독두의 경우 '속알머리'도 있고 '주변머리'도 있는데 스님들은 민둥산이라 겨울에는 인도네시아 모자 또는 소련인들이 애호하는 개털모자를 쓴 것을 볼 수 있다.

베레모는 프랑스 서부 국경지대에 살던 미개인 바스크 종족이 그들의 특이 체질인 장첨두長尖頭를 가리기 위해 고안해냈고 그 후 프랑스의 농부들이 즐겨 썼다고 한다.

그러나 베레모는 미국 공수부대와 우리나라 공수단 또는 어느 국립대학의 학모로도 쓰이고 있고 한때 그것을 쓴 사람은 대학교수나 예술가나 영화감독 같은 문화예술인의 트레이드 마크처럼 높이 평가된 적이 있다.

프랑스의 어떤 샹송 가수가 베레모는 머리에도 쓰고 방석

대신 깔고 앉기도 하고 구두도 닦고 코를 풀 수 있는 걸레로도 쓸 수 있다고 그 다용도를 말하여 웃음을 사기도 했다 한다.

우리나라의 경우 모자는 의관으로 아무리 엉성해도 머리에 귀히 모셔야 하고 신발의 경우는 아무리 귀하고 좋아도 발끝에 있어야 한다는 관념과는 너무도 동떨어진 대우이다.

베레모 하면 우리 문인들에겐 조병화 선생을 떠올리게 된다. 베레모에 파이프를 물고 좋은 경치를 스케치하는 모습을 보면 그 풍모 자체가 예술이 된다.

나의 경우 모자를 쓰고 멋을 부려 보고자 몇 번 시도를 해봤다. 나의 사무실에 자주 나타나는 O교수는 그 모자의 종류가 다양하여 올 때마다 다른 것을 쓰고 올 정도다. 그의 착모 스타일이 좋아 새로운 것을 가져올 때마다 내가 써 보았으나 어울리지 않았다. 어떤 경우는 채플린같이 코믹하고 어떨 때는 인민군같이 촌스럽고 중절모는 난쟁이에 씌운 솥뚜껑 같고 개동모는 고등계 형사도 아닌 그 하수인 끄나풀같이 어울리지 않았다.

같은 사무실에 있는 여부장女部長도 모자가 어울리지 않는 스타일이다. 한 번은 외지에 여행을 가서 기념으로 모자를 하나 사주려고 이것저것 골라봤더니 어울리는 것이 없었다. 본인도 어울리지 않음을 알고 극구 사양하는 바람에 모처럼의 선심을 접고 말았다.

J여사의 경우도 모자가 별로 어울리지 않는데 철저히 애용

하고 있어 딱한 생각이 든다. 그의 머리는 유달리 검고 윤이 나며 앞부분에 웨이브가 져 뒤로 빗겨 넘기면 정숙한 정경부인의 이미지인데 색깔도 이상하고 천도 유려하지 못한 벙거지 모자를 쓰고 다닌다.

또 L여사는 베레모를 항상 쓰고 다니는데 그 옷차림과 몸매와 어울리지 않음은 물론 게을러 지저분한 머리의 커버용으로 쓴 것 같아 호감이 반감된다.

이런 모자도 앞으로 자취를 감추게 되었다. 젊은이는 물론 중년들도 머리에 여러 가지 색으로 염색을 하다보니 모자를 쓸 필요가 없게 되었다. 그러나 나는 털실로 손수 짠 벙어리 모자가 하나 있으면 좋겠다. 아침 산책길에 푹 눌러쓰고 다니면 얼마나 따뜻하고 좋을까.

공자孔子는 시詩의 달인

지난 연초부터 KBS 텔레비전에서 방영한 도올(金容沃)의 ≪논어≫ 강좌는 새 천년을 빛낸 지성의 최고 이벤트가 아닌가 한다. 비록 연사가 약정기간을 다 마치지 못하고 중도하차 하는 아쉬움을 겪었지만 상당 기간 열강을 했다. 더러는 지상을 통한 거센 반론을 받으면서까지 연사와 공영방송이 계속 방영을 했다는 것은 연사와 방송국의 용기는 물론 그에 대한 시청자들의 관심과 호응의 결과라 하겠다.

나는 그 방송을 거의 빠지지 않고 시청을 했다. 우선 도올의 철학, 종교, 언어학 등의 고전과 현대, 동서양을 넘나드는 해박한 지식에 감탄을 했고 지금까지 피상적으로만 알고 있던 공자와 ≪논어≫에 대하여 새로운 지식을 많이 얻을 수 있었다.

도올은 강의 초부터 기독교와 공자의 출신 성분에 대하여 파문을 던졌다.

기독교의 경우 동정녀에 의한 예수의 유대 베들레헴 출생을 부인했고 그 탄생 연대도 시이저 아우구스트누의 인구 조사령과 헤롯의 치세 연도를 볼 때 BC 4년이 아니라 그 이전이라야 한다는 등 지금까지 믿고 있는 성경의 사실성에 이견을 제시했다.

공자의 경우는 그 아비는 성姓도 없는 천민이었고 모친은 무당이었으며 이름을 '丘'이라 한 것은 이구산尼丘山에서 낳았다 하여 그렇게 한 것이 아니라 그 머리 생김새가 정수리 부분이 움푹 파이고 두상이 퍼져 언덕 모양을 하고 있었기에 언덕(丘), 즉 '짱구'라는 뜻이었다고 주장했다.

뿐만 아니라 유교의 경전인 ≪論語≫의 기록과 편성도 지금까지 우리가 알고 있는 상식으로는 살아있는 예지 덩어리인 공자의 삶을 찾을 수 없다고 주장, 기존의 논어에 대한 관련 학자들이 민망할 정도로 주요 문헌의 출처를 밝히며 새로운 해석으로 열변을 토했다.

이에 대해 기독교인들은 물론 그에 의견을 달리하는 학자들의 반발이 대단했고 기독교에 대해서는 도올 자신이 그 표현의 왜곡, 와전을 해명하는 등 일련의 조심스런 자세를 보이기도 했다.

그러나 정작 ≪논어≫를 경전으로 믿는 유림들은 공자의 출생에 대한 비하나 경학經學 전래의 이설, 그리고 간혹 강의 중에 발설되는 공자에 대한 불손한 지칭, 도올의 안하무인격인 강의 태도에 대하여 약간의 반발을 보였을 뿐 공식적으로는 별다른 반응을 보이지 않은 것으로 안다.

그것은 그 강의내용과 주장을 긍정하고 동조해서라기보다 오늘날 점점 관심이 사라져가는 《논어》를 공영방송을 통해 일반대중에게 해박하게 침투 전달하는 강사의 대담한 용기와 또한 의외로 높은 시청자들의 관심과 열기를 높이 평가하여 잃는 것보다 얻는 것이 많은 쪽에 중점을 두고 침묵을 지키는 것 같았다. 그런 그들의 침묵은 유교도로서의 점잖은 경륜과 도리를 보여주는 것 같아 호감이 갔다. 나는 평소 친히 알고 있는 성균관의 한 임원과 그에 대해 자유스런 대화를 가졌는데 그 임원도 그런 견해에 동감을 표하고 있었다.

나는 공자의 출신이 대단한 귀족이었다는 것보다는 서민 출신이라는 데 오히려 호감이 갔고 그 오묘한 진리의 말씀과 행적에 예사롭지 않은 깨달음을 얻었지만 글쓰는 사람으로서 강의중 공자의 《시경詩經》에 대한 관심에 귀를 기울였다.

《시경》은 이미 많은 사람들이 알고 있는 대로 중국 황하강 유역의 여러 나라와 왕궁에서 부른 중국 최초의 시집인데 공자가 일부를 편집하여 6경 속에 경서로 묶었다. 그 내용은 주나라 왕조의 비교적 안정되었던 시대를 내포하는 밝은 서정시와 혼란기를 반영하는 어두운 서사시 등 다채로우나 남녀 연애시가 다수를 점하고 있다.

공자는 이미 자신의 시대 이전부터 지식인의 교양으로 불리어오던 이 ≪詩經≫을 6경의 첫머리에 두고 가르쳤다. 이는 그가 문학에 관심이 많았고 서정적 낭만의 성품이 남달라서가 아닌가 한다.

공자는 아들 백어伯魚에게도 "시경을 공부하지 않으면 벽을 마주 보고 있는 것과 흡사하다."고 일렀다고 한다. 다시 말하면 시는 인간의 가장 순순한 발로로서 정서를 순화시키고 다양한 사물을 인식하는 전범典範으로서 더할 나위 없다고 보았던 것이다.

이는 서양의 철학자 아리스토텔레스가 ≪시학≫이란 저서를 통해 문학의 문체와 문법론, 서사시와 비극을 논하여 근세 이후 문학이론의 고전으로 평가되고 있는 것과 쌍벽을 이루는 것으로 철학자나 사상가도 문학에 대한 관심과 소양이 지대하다는 것을 깨닫게 한다.

이렇게 공자가 크게 관심을 가진 ≪시경≫에 대해 이번 도올의 강의에서는 크게 언급되지 않았다. 다만 학이 제1편 學而第一編의 15장에서 돈이 많은 자공子貢과의 대화에서 공자가 시를 인용 언급한 내용이 있다.

자공 : "가난하면서도 아첨하지 아니하고 부하면서도 교만치 아니하면 어떠하겠습니까?"

공자 : "괜찮지. 그러나 가난하면서도 즐길 줄 알고 부하면서도 예를 좋아하는 것만 못해."

이 대화에서 자공이 '가난하면서도 아첨하지 아니하고 부하면서도 교만치 아니하면 되겠느냐.'고 한 말은 자신이 부자로서 반성적 다짐인 동시에 그렇게 말하면 공자가 '너 참 훌륭하다.'고 할 줄 알았는데 공자는 의외로 '可也'라는 긍정 아닌 부정의 온화한 표현을 쓰고 '빈곤하면서도 즐길 줄 알고 부유하면서도 好禮하는 자만 같지 못하다.'고 대답했다. 이에 자공은 깜짝 놀라 자신의 생각이 모자람을 깨닫고 고국 위나라의 시를 떠올려 다음의 시로 간했다.

> 저기 저 기수의 물굽이를 보라
> 푸른 대나무 숲이 하늘하늘 우거졌구나
> 아 문채나는 군자여
> 자른 듯 다듬은 듯, 쪼는 듯, 간 듯
> 무게 있고 위엄이 있는 저 사내
> 빛나고 훤출 아름다운 님이여
> 종래 잊을 수 없어라.

자공 : "이 시에 자른 듯 다듬은 듯, 쪼은 듯, 간 듯이라는 말이 있습니다. 바로 이것을 두고 한 말이겠군요."

그때서야 공자는 자공의 아명을 부르면서 친근감을 나타내었다.

공자 : "사賜야! 이제 비로소 너와 시를 말할 수 있겠

구나. 지난 것을 알려주니 올 것을 알아차리는구나."

이 시에서 '쪼갠 듯, 간 듯, 다듬은 듯'은 옥석을 자르고 갈아서 서서히 완벽한 예술품을 만들어 가는 과정을 말함이요, 또한 이는 인간의 덕성 함양의 과정을 비유한 말이라고 한다. 또한 공자가 이 말을 듣고 '賜야!' 하고 아명을 부른 것은 최대의 상찬이라고 한다.

나는 이 대화에서 공자가 마지막 "이제 비로소 너와 더불어 시를 말할 수 있게 되었구나."란 말은 시의 가치를 그가 어느 정도 인정하는가를 보여주는 말로 공자 사상의 실현과정과 최고 도달점은 시의 세계이며 그런 의미에서 공자는 훌륭한 시인임을 인정하지 않을 수 없다.

여기서 자공이 공자의 말에 대한 대답으로 자신의 깨달음을 시(노래)에 은유, 수덕修德의 결심을 적극적으로 나타낸 것은 그 제자들 또한 시에 대하여 얼마나 깊은 인식과 가치평가를 하고 있는가를 짐작하고도 남음이었다.

그런데 도올은 공자의 시관詩觀를 비판했다. 공자는 '시의 달인'이었다고 인정하면서 시는 민요로서 민중의 삶 속에서 자연스럽게 우러나온 감정의 발출이며, ≪樂記≫에서도 "感於物而動, 故形於聲"이라 했는데 "武公의 德"이나 인간 내면의 '덕성수양'의 수단으로 봐서는 안된다는 것이다.

그러면서 위의 시를 화창한 봄날씨 강가에 얼음이 풀리면

봄바람에 가슴 설레며 청춘남녀들이 짝짓기를 즐기러 강변으로 나오는 이야기를 통해 사내의 섹시한 외관을 형용하는 시로 공자와는 달리 해석하고 있다.

앞의 시 '자른 듯, 다듬은 듯, 쪼은 듯, 간 듯(如切如磋如琢如磨)'을 한 사내의 섹시한 외관, 포마드 짝 바르고 족제비 양복을 싹 늘어뜨린 기생오라비 같은 청년의 표현으로 해석하고 있다.

다시 말하면 오늘날 우리도 '절차탁마'라 하면 옥을 갈아 빛나는 작품을 만들듯이 모나는 성격을 갈아 훌륭한 덕성을 함양하는 수덕의 의미로 풀이하고 있으나 그 유행가(시)가 유행하던 시절 위풍偉風의 의미는 그것이 아니라는 것이다. 도올뿐 아니라 시중에 나온 ≪시경≫ 번역서에도 이 부분이 님에 대한 연가로 번역되어 있다. 어떤 학자는 ≪시경≫을 성서性書로 해석한 경우가 있다.

그렇다면 공자가 아들에게 ≪시경≫을 권유한 것은 인간에 있어 남녀간의 성의 윤리와 그 희락이 무엇보다 중요하기 때문이었을까. 자공으로부터 시 인용의 대답을 듣고 칭찬한 것은 세상의 모든 일은 남녀간의 성문제를 초월한 후에 논할 자격이 있다는 것일까. 어쨌든 공자가 시를 경전으로 삼고 인용했다는 것은 그의 정서적인 성품을 짐작하고도 남음이 있다.

(2001)

▩ 연보

1937. 12. 29　경남 하동군 금남면 진정리에서 출생

•학력 및 경력

1951.　진정초등학교 졸업
1954.　진교중학교 졸업
1957.　진주사범학교 졸업
1965.　마산대학 문학부 졸업
1967.　경남도내 교육계 종사
1969.　세계출판사 편집부 근무
1975.　교육평론사 편집장, 주간
1979.　도서출판 교음사 창립(현재 대표)
1988.　월간 ≪수필문학≫ 창간(현재 발행인 겸 주간)

•문단 활동

1973.　월간 ≪현대문학≫을 통해 문단 데뷔
1978.　한국문인협회 회원
1987.　연리감리교회 장로 취임
1988.　국제펜클럽회원(현 이사)
1989.　≪월간문학≫ 신인상 평론부문 당선
1992.　한국문학평론가 협회 이사
1993.　한국수필문학회 부회장

1996. 한국수필문학가협회 회장(현)

1997. 한국문학비평가협회 부회장

1998. 한국문인협회 수필분과 회장

2000. 한국크리스천문학가협회회장

2004. 한국문인협회 부이사장

•수상

1995. 2 한국수필문학상

1997. 12 한국문예협회문학상

1998. 4 한국크리스천문학상

1998. 한국장로문학상

2000. 12 한국문학비평가협회상

2006. 한국문협 수필의 날 제정 공로상

2008. 9 원종린수필문학상

•저서

수필집

1978. ≪이 후회의 계절에≫

1991. ≪새벽을 적시는 내 가슴은≫

1993. ≪坪村日記≫

1997. ≪은행나무와의 사연≫

2000. ≪고마운 착각≫

2003. ≪세월이 흐르는 소리≫

2008. ≪흔들리는 나뭇잎≫

•평론집

1999. 《한국수필문학의 새로운 향방》

2000. 《수필문학 천료작 선평집》

2004. 《새로운 수필문학 창작기법》

2007. 《수필쓰기의 포인트》

현대수필가 100인선 · 39
강석호 수필선

나의 窓門

초판인쇄 | 2009년 9월 01일
초판발행 | 2009년 9월 05일

지은이 | 강 석 호
펴낸이 | 서 정 환
펴낸곳 | 좋은수필사

주 소 | 서울시 종로구 익선동 30-6
운현신화타워 빌딩 3층 305호
전 화 | 02)3675-5635, 063)275-4000
등 록 | 1984년 8월 17일 제28호
홈페이지 | http://www.shin-a.co.kr
e-mail | essay321@hanmail.net

값 7,000원

ISBN 978-89-5925-308-1 04810
ISBN 978-89-5925-247-3 (전 100권)